考拉旅行 玩遍全球

- 说走就走的旅行　有我，就是这么简单！　- 一书在手，畅游无忧

SWITZERLAND GUIDE

# 畅游 瑞士
## 就这本最棒！

总策划　黄金山
《畅游瑞士》编辑部　编著

华夏出版社
HUAXIA PUBLISHING HOUSE

# 目录 CONTENTS 畅游瑞士 SWITZERLAND

| | |
|---|---|
| LOOK!瑞士! | 008 |
| 瑞士面孔! | 009 |
| TIPS!瑞士! | 012 |
| GO!瑞士交通! | 021 |
| 速报!10大人气好玩旅游热地! | 025 |
| 速报!10大FREE主题迷人之选! | 028 |
| 美食!10大人气魅力平民餐馆! | 033 |
| 带回家!特色伴手好礼! | 036 |
| 购物!10大人气购物潮流地! | 039 |
| 超IN!8天7夜计划书! | 041 |

## ❶ 伯尔尼　049

| | |
|---|---|
| 伯尔尼旧城区 | 050 |
| 联邦国会大楼 | 051 |
| 熊公园 | 052 |
| 伯尔尼3D展示厅 | 053 |
| Altes Tramdepot | 053 |
| 玫瑰园 | 054 |
| 伯尔尼大教堂 | 055 |
| 爱因斯坦故居 | 056 |
| 瑞士阿尔卑斯博物馆 | 056 |
| 钟楼 | 057 |
| 伯尔尼历史博物馆 | 058 |
| 保罗·克利艺术中心 | 059 |
| Cailler巧克力工厂 | 059 |

## ❷ 苏黎世　061

| | |
|---|---|
| 苏黎世大教堂 | 062 |
| 林登霍夫山丘 | 063 |
| 苏黎世湖 | 064 |
| Oepfelchammer | 065 |
| 班霍夫大街 | 065 |
| 麦森会馆 | 067 |
| 跳蚤市场 | 067 |
| Jelmoli | 068 |
| 圣母教堂 | 069 |
| 瑞士国家博物馆 | 071 |
| 圣彼得教堂 | 072 |
| 玉特利山 | 073 |
| Kaiser's Reblaube | 074 |
| Kropf | 075 |
| 市立美术馆 | 076 |
| 拜耳钟表博物馆 | 077 |
| 苏黎世西区 | 078 |
| 苏黎世动物园 | 079 |

## ❸ 苏黎世周边　081

| | |
|---|---|
| 莱茵瀑布 | 082 |
| 沙夫豪森老城区 | 083 |
| 荷恩克林根城堡 | 084 |
| 米诺要塞 | 085 |
| 巴登 | 086 |
| 莱茵河畔施泰因 | 087 |

## ❹ 卢塞恩　089

| | |
|---|---|
| 卢塞恩旧城 | 090 |
| Stadtkeller餐厅 | 091 |

| | |
|---|---|
| 狮子纪念碑 | 092 |
| 冰河公园 | 093 |
| 布尔巴基全景馆 | 094 |
| 穆塞格城墙 | 095 |
| 卢塞恩文化和艺术中心 | 096 |
| 宝齐莱 | 098 |
| 霍夫教堂 | 099 |
| 罗森加特收藏馆 | 100 |
| 瑞士交通博物馆 | 100 |
| 耶稣会教堂 | 101 |
| 史普劳尔桥 | 101 |
| 卢塞恩湖 | 102 |
| 铁力士山 | 104 |
| 皮拉图斯山 | 106 |

## 5 日内瓦  115

| | |
|---|---|
| 日内瓦市政厅 | 112 |
| L'Hotel de Ville | 113 |
| 卢梭纪念馆 | 113 |
| 塔沃馆 | 114 |
| 宗教改革纪念碑 | 114 |
| 宗教改革博物馆 | 115 |
| 圣皮埃尔大教堂 | 115 |
| Armures | 116 |
| 特椰林荫大道 | 117 |
| 罗纳河大街 | 118 |
| 柏德弗广场 | 118 |
| 英国花园 | 119 |
| 时间之城 | 121 |
| 百达翡丽钟表博物馆 | 122 |
| 联合国欧洲总部 | 123 |
| 亚莉安娜博物馆 | 124 |
| 国际红十字会博物馆 | 125 |
| 卡鲁日镇 | 125 |

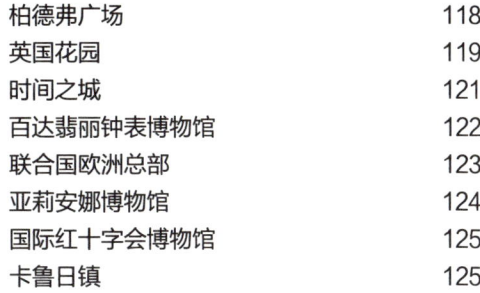

## ６ 日内瓦湖区　127

日内瓦湖　128
洛桑大教堂　132
圣梅耶城堡　133
圣佛朗索瓦教堂　134
阿尔布吕特美术馆　136
爱丽舍摄影美术馆　136
洛桑历史博物馆　137
奥林匹克博物馆　138
葡萄酒列车　139
沃韦食物博物馆　140
沃韦城堡　141
照相机博物馆　143
西庸城堡　144
游戏博物馆　145
蒙特勒赌场　146
雷第瓦奶酪工厂　147
冰河3000　147

## ７ 卢加诺　149

卢加诺旧城区　150
圣母天使教堂　152
圣洛伦佐大教堂　153

| | | | |
|---|---|---|---|
| 卢加诺湖 | 154 | 巴伦伯格露天博物馆 | 181 |
| 现代美术馆 | 155 | 木雕博物馆 | 182 |
| 瑞士小人国 | 157 | 图恩湖 | 182 |
| 布雷山 | 158 | 特吕默尔河瀑布 | 183 |
| 格朗德大城堡 | 158 | 赖兴巴赫瀑布 | 183 |
| 贝林佐纳旧城区 | 159 | 洛伊克巴德吉米缆车 | 184 |
| 蒙特贝罗城堡 | 161 | 伯格贝水疗中心 | 186 |
| 圣萨尔瓦多山 | 162 | 采尔马特 | 187 |
| 科尔巴洛城堡 | 163 | 小马特峰 | 189 |
| 洛迦诺威斯康提城堡 | 163 | 阿拉灵山 | 192 |
| 洛迦诺旧城区 | 164 | 塞甘蒂尼博物馆 | 193 |
| 大广场 | 165 | 海蒂小屋 | 193 |
| 新教堂 | 166 | 施库奥尔下城 | 194 |
| 卢斯卡之屋美术馆 | 167 | 纳兰斯山 | 195 |
| 圣安东尼奥教堂 | 167 | 迈恩菲尔德海蒂之家主题博物馆 | 195 |
| 圣弗朗西斯科教堂 | 167 | 库尔旧城区 | 196 |
| 岩石圣母堂 | 168 | 瑞士国家公园 | 200 |
| 佛萨斯卡谷 | 168 | 维亚玛拉峡谷 | 201 |
| | | Eggtorkel历史酒窖 | 202 |
| **❽ 瑞士其他** | **171** | 多姆勒什城堡群 | 202 |
| | | 卡尔仙纳史前遗迹 | 203 |
| 少女峰 | 172 | 塔拉斯普城堡 | 204 |
| 雪朗峰 | 178 | 大、小海蒂之路 | 205 |
| 施陶河瀑布 | 180 | | |
| 布里恩茨湖 | 181 | **❾ 附:列支敦士登** | **207** |
| | | 瓦杜兹城堡 | 208 |
| | | 列支敦士登国家博物馆 | 209 |
| | | 邮票博物馆 | 210 |
| | | 滑雪博物馆 | 210 |
| | | 瓦瑟博物馆 | 210 |
| | | 列支敦士登美术馆 | 211 |
| | | 大公酒庄 | 211 |
| | | 古腾堡城堡 | 212 |
| | | 马尔邦小镇 | 213 |
| | | **索引** | **214** |

# 出游需要个好帮手

《畅游世界》系列图书即将付梓，编者嘱我写序。我曾经从事旅游出版工作十余年，对旅游图书有些感觉，在这里谈一点感言，权作交差吧。

人生数十载，不外乎上学、工作、生活三部分内容。上学和工作乐趣不多，压力不少；只有生活（上学和工作之外）能够品尝出些许味道。而这其中，最有意思、最令人向往、最能给人带来欢乐与回味的生活方式便是旅游，尤其对于当今生活节奏快、成本高，工作压力大、收入低，人口密度高、服务差，整天像牛马一样机械地干活的都市人来说，旅游是一副综合的良药，虽不能说包治百病，却是良效多多。记得哲人歌德说过："大自然是一部伟大的书。"而旅游就是阅读这部大书最为轻松愉悦的方式。一次短暂的旅游，可以使心灵得到长时间的安宁与抚慰；一次遥远的旅游，可以领悟人生的坎坷，体验生命的精彩；一次艰辛的旅游，留下的是难忘的记忆；一次快乐的旅游，带来的更是值得珍藏的财富。总之，旅游陶冶人的情操，愉悦人的身心，给人的生活带来无尽的希望与力量。

一次成功的旅游，需要做好三个阶段的工作：行前准备、途中指引、归来总结，而一本好的旅游指南书都能帮您搞定。虽然说现今的网络发达时代，利用各种固定的、移动的电子设备，可以查询相关旅游信息，方便快捷，但我对这些东西其实并不感冒，起码目前是这样，因为网上的信息东拼西凑、复制粘贴的太多，新兴的数字出版领域从行规建设、人员素质、质量控制等等诸多方面，要比已经发展了近百年的传统纸质图书行业稀松得多，可信度自然也就大打了折扣。数字出版物要想俘住广大读者的心，还有很长的路要走。所以，我建议出游的人们目前携带一本精要实用的纸质旅游指南书，还是明智的选择。

书店的旅游指南销售柜台已经摆满了花花绿绿的多家产品，各有优劣，读者尽可随意挑选。如果要我做个推荐，我自然要首推华夏出版社的"华夏行者——《畅游世界》"系列。这是一套为旅游爱好者量身定制的旅游指南书，通篇贯穿着一个宗旨，那就是让旅游者"畅"，食住行游购娱一路顺畅，惊喜快乐。书中对目的地的地理、气候、人文、区划、交通等作了详尽的介绍，还对当地的旅游热点、风味美食、平民餐馆、伴手好礼以及购物佳地等都进行了精选归纳和说明，最重要的还是本书精心设计的几天几夜游，它对于那些没时间计划或不会计划的忙人或懒人来说，很是管用，让您无需计划，拎起本书即可坦然上路。至于它是否具备优秀旅游指南的各项要素，诸如全面性、准确性、实用性、针对性、时效性、美观性等等，我便不再废话，说多了有"王婆卖瓜，自卖自夸"嫌疑，读者用过了，自然便有了答案。

　　仁者乐山，智者乐水。对于热爱生活的人们来说，旅游的步伐，从来都是风雨无阻，愿携带《畅游瑞士》出行的人们，畅来畅往，快乐安康。

华夏出版社社长、总编辑

# LOOK!瑞士！

### 1 概况

地处欧洲中部的瑞士国土面积不大，是一处风景优美的联邦制国家，素有世界公园的美誉。作为全世界最富裕、经济最发达和生活水准最高的国家之一，瑞士在历史上一直保持政治和军事上的中立，众多国际性组织的总部也都设在这个美丽迷人的国家。

### 2 印象

瑞士虽然国土面积不大，但拥有丰富的旅游资源。如画的草原、壮美的大雪山、澄澈的湖泊……令人叹为观止的自然风光及众多富有特色的节日活动，无不带给旅行者莫大的乐趣。在瑞士，除了每年数百场的音乐节活动外，还有各种各样的观光和运动项目。

### 3 地理

瑞士位于欧洲中南部，是一个多山内陆国家，境内分为中南部的阿尔卑斯山脉、西北部的汝拉山脉、中部高原三个自然地形区。全国总面积41285平方公里，最高峰为海拔4634米的杜富尔峰，最低处是马祖尔湖。除了境内多山，瑞士还是欧洲大陆莱茵河、罗纳河、阿尔河三大河流的发源地。此外，瑞士全国还有1484个湖泊，河湖总面积超过1700平方公里，占瑞士全国总面积的4.2%，因此瑞士素有"欧洲水塔"之称。

### 4 气候

瑞士属于地中海型气候，全年气候宜人，但由于阿尔卑斯山山区海拔较高，昼夜温差大，即使夏季夜间也需要准备防寒衣物。瑞士年降雨量1500毫米，年平均气温8.6℃，夏季最高气温可达30℃，冬季气温经常低于0℃，并伴随降雪。

### 5 区划

瑞士为联邦制国家，全国由26个州组成，分别为：阿尔高州、伯尔尼州、弗里堡州、日内瓦州、格拉鲁斯州、格劳宾登州、汝拉州、卢塞恩州、纳沙泰尔州、沙夫豪森州、施维茨州、索洛图恩州、圣加仑州、图尔高州、提契诺州、乌里州、瓦莱州、沃州、楚格州、苏黎世州、内阿彭策尔州、外阿彭策尔州、巴塞尔城州、巴塞尔乡州、上瓦尔登州、下瓦尔登州。其中有6个为半州。

### 6 人口及国花

瑞士有人口约824万人，国花为高山火绒草。

# 瑞士面孔！

## NO.1 瑞士钟表

瑞士钟表一向以优美的造型、精细的做工、精准的走时而誉满世界，成为钟表行业当仁不让的领头羊。瑞士的钟表制作业其实是从金银首饰行业发展起来的，因此也把金银首饰的制作工艺融入了进来。在数百年的钟表制作史中，创立了欧米茄、江诗丹顿、劳力士等诸多享誉世界的钟表名牌，正是这些名牌将瑞士钟表的名望推广到了全世界，使之成为全世界人都热衷的奢侈品。

## NO.2 自然风光

瑞士虽然国土面积很小，但是素以自然风光旖旎、城市环境优美而为人们所称道。瑞士几乎每一个城市都有著名的风景，既有布满了皑皑白雪的雪山，也有清澈见底的湖泊，每一处景观都像是风景画里的一样，无论是色彩、情调都是那么完美，很容易就让人沉醉其中。日内瓦湖和少女峰毫无疑问是瑞士自然风光中的代表。日内瓦湖拥有宛如蓝宝石一般的湖面，那纯净到可以一眼望到底的湖水让人惊叹。而少女峰那婀娜的身姿也是到瑞士不能错过的风景。

畅游瑞士 · 推荐

## NO.3 国际奥委会总部

国际奥委会总部位于瑞士的洛桑，是负责处理奥林匹克运动日常事务的行政管理机构。最早在顾拜旦创办现代奥运会后，他在巴黎的住所就成了最早的国际奥委会总部，但是后来为了防止战争对奥委会的运作带来影响，他便将总部迁到了洛桑。如今国际奥委会总部作为奥林匹克运动的核心机构，日益发挥着重要的作用。在国际奥委会总部一侧有一座国际奥林匹克运动博物馆，馆内珍藏了很多和奥运会有关的文物，其中就包括不少和中国有关的资料，会让中国游人感觉十分亲切。

## NO.4 世界金融中心

瑞士是世界金融中心，其庞大的金融产业支撑起了瑞士的经济。瑞士汇集了来自世界各地的资金，是人们投资的热门地区。日内瓦、苏黎世等大城市有世界各地的大型银行、投资公司等，他们掌管着全球超过30%的资金。尤其是瑞士银行，更是以信誉卓著、安全可靠而成为人们最信赖的银行，特别是数百年来一直坚持为客户完全保密的制度，也是瑞士银行最大的特色之一。

## NO.5 全民兵役&永久中立

瑞士一直保持着永久中立的制度，这也使得它躲过了两次世界大战的灾难。不过虽然瑞士的中立原则在两次世界大战中都得到了遵守，都保持了中立，但它却没有忽视军事力量的打造。在瑞士实行的是全民兵役，有一支全民皆兵、全民动员的民兵制军队。经过数十年的不断打造，瑞士国内建起了完备的地下掩体，可供全部常住人口使用。

## NO.6 瑞士军刀

瑞士军刀也称作万用刀，是瑞士工业的另一大标志。最初这种刀是为士兵们配备的工具刀，除了有刀的功能外，还有圆珠笔、牙签、剪刀、平口刀、开罐器、螺丝起子、镊子等的功能，使用时只需在折叠的部分拉出来即可，十分方便。后来这种刀传播到了全世界，因其用途广泛和经久耐用而被全世界人所喜爱。如今的瑞士军刀功能也不断增强，除了有各种工具外，更是增加了液晶时钟、LED手电筒、打火机，甚至MP3播放器等。

# TIPS! 瑞士!

## ❶ 如何办理赴瑞士旅游观光手续及注意事项

瑞士已开放中国公民个人赴瑞士旅游申请，在瑞士驻华使馆就可申请赴瑞士旅游签证，具体办理手续如下：

| 赴瑞士旅游（个人游） | | | |
|---|---|---|---|
| 旅游签证所需材料【请将您的材料按照以下顺序排列】 | 1 | 签证申请表 | 申请者须用英文或德文或法文完整填写申请表，并签名。 |
| | 2 | 两张照片 | 3.5 cm x 4.5 cm无损坏彩色近照。 |
| | 3 | 护照 | 护照有效期需长于所需签证到期3个月；至少有两张空白签证页。 |
| | 4 | 医疗保险 | 承保区域为申根国家，覆盖在申根区的整个行程，涵盖医疗保险及送返费用，保额不低于3万欧元。 |
| | 5 | 机票订单 | 如申请多次入境签证，只提供第一次旅行的机票订单。请注意：需往返机票预订单，机票应该在签证颁发后购买。 |
| | 6 | 未成年人（18岁以下） | 学生证及学习证明原件和复印件一份，需明确标出以下信息：<br>1.学校地址，联系电话；<br>2.请假许可；<br>3.批准人的姓名及职位；<br>4.需加盖学校公章。<br>如未成年人单独旅行或跟随父母其中一方旅行，还需提供：<br>1.经过中国外交部或中国驻外使馆认证的双方亲属或双方法定监护人许可公证书。如不在中国，则需在所居地的相关部门认证。<br>2.经过中国外交部或中国驻外使馆认证的亲属关系和法定监护关系公证书。 |
| | 7 | 户口薄（无需翻译） | 所有信息页的复印件（仅限中国居民）。 |
| | 8 | 住宿证明 | 住宿证明需覆盖申根区整个停留时间。 |
| | 9 | 旅行计划 | 所有证明您旅行计划的材料（酒店或机票订单、交通、行程单等）。 |

| | | |
|---|---|---|
| 10 | 申请者经济证明 | 银行最近三个月的进出账单（非定期存款/非信用卡）<br>一、在职人员：<br>1.所在单位营业执照复印件，需加盖公章；<br>2.以单位抬头纸出具的证明信（英文，或中文带英文翻译），加盖公章，有签名及日期，并明确注明：单位地址、电话及传真；签署人姓名及职务；申请者姓名、职务、薪水、受雇年限；请假许可。<br>二、退休人员：<br>1.退休证；<br>2.退休金或其他固定收入的证明。<br>三、无业成年人：<br>如已婚，提供配偶的工作及收入证明和外交部认证的结婚公证书。如未婚/离异/丧偶，请提供其他固定收入证明。 |
| 11 | 复印件 | 1.护照首页及签字页复印件；<br>2.已有的申根签证复印件；<br>3.医疗保险复印件；<br>4.暂住证复印件（如户口签发地不属于签证申请领区，则需提供）；<br>5.居留证复印件（仅限外国人）。 |
| | 请注意使馆根据个人情况不同在处理签证申请的时候可能会要求更多的材料（未在清单列出）<br>申请者提供所有的材料并不保证能拿到签证 | |
| 瑞士驻中国使馆一览 | | 1.瑞士驻华大使馆 地址：北京三里屯东五街3号；电话：010-85328888；传真：010-65324353；电子邮件：ertretung@bei.rep.admin.ch。<br>2.瑞士驻上海总领事馆 领区：上海、浙江、江苏、安徽；地址：上海市仙霞路319号远东国际广场A幢22楼；电话：021-62700519；传真：021-62700522；电子邮件：vertretung@sha.rep.admin.ch。Visa email：visa.sha@eda.admin.ch。<br>3.瑞士驻广州总领事馆 领区：广东、广西、福建、海南、湖南、江西；地址：广州市天河路228号之一广晟大厦27楼；邮编：510620；签证部门电话：020-38330450；传真：020-38330453、38331315。<br>4.瑞士驻香港总领事馆 地址：香港湾仔港湾道18号中环广场6206-7室；电话：852-35095000。 |
| 所需费用 | | 成年人签证费为405元人民币，6岁至12岁的儿童签证费为240元人民币，6岁以下的儿童免签证费。所有申请人都需支付服务费142元。 |
| 领取证件 | | 签证受理时间为48小时（周末与节假日除外），具体信息请查看：https://www.eda.admin.ch/countries/china/zh/home/visa/entry-stay/lokale-bestimmungen/appointment-availability-and-processing-times.html。 |

| 注意事项 | 1.请勿向使馆或总领事馆发送或邮寄包括邀请信在内的任何与签证申请有关的文件;通过电子邮件、传真、邮寄的申请材料将被自动删除和销毁。申请签证须提前通过https://cn.tlscontact.com网站进行预约,网上预约成功后方可受理。<br>2.申请人可以选择将签证申请材料亲自递送至瑞士政府驻华机构;需要注意的是,使馆和领馆的签证处对于此类签证申请的受理名额极其有限。如果您选择向使领馆直接递交签证申请,必须事先通过TLScontact进行预约。请注意,没有预约成功而直接递交至使领馆的申请将不会被受理,其次,对于递交至使领馆的申请,审查时间可能会更久。详情请查看: https://cn.tlscontact.com/cnBJS2ch/splash.php。<br>3.匈牙利共和国驻重庆总领事馆亦可代表瑞士联邦签发下述申根签证:在瑞士停留期不超过3个月的A类申根签证和不超过3个月的C类申根签证。 |
|---|---|

*上述介绍仅供参考,具体申请手续以当地有关部门公布的规定为准。

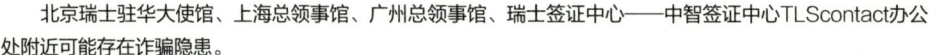

## 重要提示

　　北京瑞士驻华大使馆、上海总领事馆、广州总领事馆、瑞士签证中心——中智签证中心TLScontact办公处附近可能存在诈骗隐患。

　　当您在瑞士政府驻华代表处(大使馆、领事馆)和瑞士签证中心——中智签证中心TLScontact办理签证申请时,在上述机构办公处附近,可能遇到可疑的个人向您兜售费用昂贵的签证服务,例如销售医疗保险、各种翻译服务、预约费、酒店/住宿订金等。

　　瑞士政府驻华代表处向签证申请人提出以下建议:

1. 仅使用中智签证中心TLScontact办公处提供的相关服务。
2. 避免同在使领馆、中智签证中心TLScontact办公处附近提供各种签证的服务人员接触。
3. 拒绝一切关于"服务"的提议。
4. 根据使领馆、中智签证中心TLScontact官方网站的须知,自行准备您的签证申请文件。

　　如果有人提供给您在使领馆工作窗口、中智签证中心TLScontact工作窗口面谈的机会,并以此为由向您索要钱财,请您予以回绝。瑞士政府在中国唯一的签证中心——中智签证中心TLScontact会收取提交签证申请材料的预约费用。瑞士政府驻华代表处的工作窗口在任何情况下都是免费对公众开放的。

## ❷ 出入境须知

　　瑞士是申根国家,持有申根签证即可进入瑞士,出入瑞士国境无需出入境登记,携带瑞士法郎或外币出入境瑞士海关无限额。

　　能带入瑞士的免税品包括:香烟400支或雪茄100支或烟草500克。酒精度超过15%,1升以内可以免税;酒精度不超过15%,2升以内可以免税。(未满17岁的旅客不能携带香烟或酒类。)如果不是来自中国,而是来自欧洲的其他国家,只减免以上数量的一半。食品只能免税一日所需的量。其他总金额不超过100瑞士法郎的物品均可以免税。

　　自2007年7月1日起,瑞士禁止非欧盟国家旅客携带肉类、蛋类、鱼类、蜂蜜、奶制品等动物类产品入境。根据规定,每位旅客只被允许携带一日量的儿童食品或药品入境。如海关发现违禁食品入境,将一律采取没收处理。违反相关规定的旅客有可能被处以罚款。请在出境前查询最新发布的信息。

PHOTO

## 申根签证申请表
## Demande de visa Schengen

此表免费
Ce formulaire est gratuit

1. 姓氏 / Nom(s) [nom(s) de famille] (x)

2. 出生时姓氏（原姓氏）/ Nom(s) de naissance [nom(s) de famille antérieur(s)] (x)

3. 名字 / Prénom(s) (x)

4. 出生日期（日-月-年）/ Date de naissance (jour-mois-année)

5. 出生地 / Lieu de naissance

6. 出生国家 / Pays de naissance

7. 现国籍 / Nationalité actuelle

原国籍（出生时的国籍）/ Nationalité à la naissance, si différente

8. 性别 / Sexe
- ☐ 男 / Masculin
- ☐ 女 / Féminin

9. 婚姻状况 / État matrimonial
- ☐ 单身 / Célibataire
- ☐ 已婚 / Marié(e)
- ☐ 分居 / Séparé(e)
- ☐ 离异 / Divorcé(e)
- ☐ 丧偶 / Veuf (Veuve)
- ☐ 其他 / Autre (veuillez préciser)

10. 未成年人填写姓氏、名字、地址（若不同于申请人）和父母/法定监护人国籍 / Pour les mineurs: Nom, prénom, adresse (si différente de celle du demandeur) et nationalité de l'autorité parentale/du tuteur légal

11. 拥有的国际身份证号码（若适用）/ Numéro national d'identité, le cas échéant

12. 旅行证件类型 / Type de document de voyage
- ☐ 普通护照 / Passeport ordinaire
- ☐ 外交护照 / Passeport diplomatique
- ☐ 公务护照 / Passeport de service
- ☐ 官方护照 / Passeport officiel
- ☐ 特别护照 / Passeport spécial
- ☐ 其他旅行证件（请注明）/ Autre document de voyage (à préciser)

13. 旅行证件编号 / Numéro du document de voyage

14. 签发日期 / Date de délivrance

15. 失效日期 / Date d'expiration

16. 签发机构 / Délivré par

17. 家庭住址与申请人的电子邮件地址 / Adresse du domicile et adresse électronique du demandeur

电话号码 / Numéro(s) de téléphone

PARTIE RESERVEE A L'ADMINISTRATION

Date d'introduction de la demande:

Numéro de la demande de visa:

Demande introduite auprès:
- ☐ Ambassade/Consulat
- ☐ Centre d'application commun
- ☐ Prestataire de services
- ☐ Intermédiaire commercial
- ☐ Frontière
  Nom:
- ☐ Autres

Responsable du dossier:

Documents justificatifs:
- ☐ Document de voyage
- ☐ Moyens de subsistance
- ☐ Invitation
- ☐ Moyen de transport
- ☐ Assurance maladie en voyage
- ☐ Autres:

Décision concernant le visa:
- ☐ Refusé
- ☐ Délivré
- ☐ A
- ☐ C
- ☐ VTL

Valable:
du
au

Nombre d'entrées:
☐ 1  ☐ 2  ☐ Multiples

Nombre de jours:

(x) 1-3 项所填信息必须与旅行证件上的资料相符。
(x) Les données des cases 1 à 3 doivent correspondre aux données figurant sur le document de voyage.

18. 居住在本国以外的其他国籍 / Résidence dans un pays autre que celui de la nationalité actuelle

☐ 否 / Non

☐ 是，居留许可或者同等效力　　　　　编号　　　　　失效日期
　　Oui. Autorisation de séjour ou équivalent　　No.　　　Date d'expiration

*19. 当前职业 / Profession actuelle

*20. 工作单位名称、地址和电话。学生请填写学校地址 / Nom, adresse et numéro de téléphone de l'employeur. Pour les étudiants, adresse de l'établissement d'enseignement

21. 旅行基本目的 / Objet(s) principal(aux) du voyage

☐ 探亲访友 / Visite à la famille ou à des amis
☐ 观光 / Tourisme　　　　　　　☐ 学习 / Études
☐ 商务 / Affaires　　　　　　　☐ 医疗 / Raisons médicales
☐ 文化 / Culture　　　　　　　 ☐ 体育 / Sports
☐ 过境 / Transit　　　　　　　 ☐ 机场过境 / Transit aéroportuaire
☐ 公务 / Visite officielle　　 ☐ 其他（请注明）/ Autre (à préciser)

| 22. 目的地国家 / État(s) membre(s) de destination | 23. 第一次入境的国家 / État membre de la première entrée |
|---|---|
| 24. 申请入境次数 / Nombre d'entrées demandées<br>☐ 一次入境 / Une entrée<br>☐ 两次入境 / Deux entrées<br>☐ 多次入境 / Entrées multiples | 25. 停留或者计划过境的期限 / Durée du séjour ou du transit prévu<br><br>注明天数 / Indiquer le nombre de jours |

26. 最近三年内的申根签证 / Visas Schengen délivrés au cours des trois dernières années

☐ 无 / Non
☐ 有，有效期：从　　　　　　　　　　到
　　Oui. Date(s) de validité du　　　　　au

27. 以往申根签证申请要求的指纹记录 / Empreintes digitales précédemment aux fins d'une demande de visa Schengen

　　☐ 无 / Non　　　☐ 有，日期（若知道）/ Oui. Date, si elle est connue

28. 获准进入最终目的地国家的入境许可（若有）/Autorisation d'entrée dans le pays de destination finale, le cas échéant

签发机构　　　　　　　有效期：从　　　　　　　到
Délivrée par　　　　　Valable du　　　　　　　au

欧盟、欧洲经济区或者瑞士公民的家属（配偶、子女或有赡养关系的长辈）不必回答带有 * 标记的问题。欧盟、欧洲经济区或者瑞士公民的家属必须提交证明其亲属关系的文件并填写 No.34 和 No.35。

Les rubriques assorties d'un * ne doivent pas être remplies par les membres de la famille de ressortissants de l'Union européenne, de l'EEE ou de la Confédération suisse (conjoint, enfant ou ascendant dépendant) dans l'exercice de leur droit à la libre circulation. Les membres de la famille de ressortissants de l'Union européenne, de l'EEE ou de la Confédération suisse doivent présenter les documents qui prouvent ce lien de parenté et remplissent les cases nos 34 et 35

| 29. 计划到达申根国家的日期 / Date d'arrivée prévue dans l'espace Schengen | 30. 计划离开申根国家的日期 / Date de départ prévue de l'espace Schengen |
|---|---|

*31. 成员国邀请人姓名；若不适用，请填在成员国的旅馆名称/暂住地址 / Nom et prénom de la ou des personnes qui invitent dans le ou les États membres. À défaut, nom d'un ou des hôtels ou adresse(s) temporaire(s) dans le ou les États membres

| 旅馆/暂住地址邀请人的地址和电子邮箱 / Adresse et adresse électronique de la ou des personnes qui invitent du ou des hôtels/du ou des lieux d'hébergement temporaire | 电话和传真号码 / Téléphone et télécopieur |
|---|---|

| *32. 邀请公司/机构的名称和地址 / Nom et adresse de l'organisation/entreprise hôte | 邀请公司/机构的电话和传真号码 / Téléphone et télécopieur de l'entreprise/organisation |
|---|---|

公司/机构联系人的姓名、地址、电话、传真号码和电子邮箱 / Nom, prénom, adresse, téléphone, télécopieur et adresse électronique de la personne de contact dans l'entreprise/organisation

*33. 停留期间旅行和生活的经费 / Les frais de voyage et de subsistance durant votre séjour sont financés

| ☐ 自己支付 / par vous-même<br><br>支付方式 / Moyens de subsistance<br>☐ 现金 / Argent liquide<br>☐ 信用卡 / Carte de crédit<br>☐ 旅行支票 / Chèques de voyage<br>☐ 住宿预付 / Hébergement prépayé<br>☐ 交通预付 / Transport prépayé<br>☐ 其他（请注明）/ Autres (à préciser) | ☐ 由担保人支付（邀请人、公司、机构）/ par un garant (hôte, entreprise, organisation)<br>☐ 参见31-32项/ visé dans la case 31 ou 32<br>☐ 其他（请注明）/ autres (à préciser)<br><br>支付方式 / Moyens de subsistance<br>☐ 现金 / Argent liquide<br>☐ 提供住宿 / Hébergement fourni<br>☐ 资助所有停留期间的经费 / Tous les frais sont financés pendant le séjour<br>☐ 交通预付 / Transport prépayé<br>☐ 其他（请注明）/ Autres (à préciser) |
|---|---|

34. 在欧盟、欧洲经济区或者瑞士与你有亲属关系的公民的个人资料。本问题仅限于欧盟、欧洲经济区或者瑞士公民的家属回答。/ Données personnelles du membre de la famille qui est ressortissant de l'Union européenne, de l'EEE ou de la Confédération suisse

| 姓氏 / Nom | | 名字 / Prénom(s) | |
|---|---|---|---|
| 出生日期 / Date de naissance | 国籍 / Nationalité | | 旅行证件/身份证号码 / Numéro du document de voyage ou de la carte d'identité |

欧盟、欧洲经济区或者瑞士公民的家属（配偶、子女或有赡养关系的长辈）不必回答带有 * 标记的问题。欧盟、欧洲经济区或者瑞士公民的家属必须提交证明其亲属关系的文件并填写 No.34 和 No.35。

Les rubriques assorties d'un * ne doivent pas être remplies par les membres de la famille de ressortissants de l'Union européenne, de l'EEE ou de la Confédération suisse (conjoint, enfant ou ascendant dépendant) dans l'exercice de leur droit à la libre circulation. Les membres de la famille de ressortissants de l'Union européenne, de l'EEE ou de la Confédération suisse doivent présenter les documents qui prouvent ce lien de parenté et remplissent les cases nos 34 et 35

| 35. 与欧盟、欧洲经济区或者瑞士公民的亲属关系 / Lien de parenté avec un ressortissant de l'Union européenne, de l'EEE ou de la Confédération suisse<br><br>☐ 配偶/ Conjoint ☐ 子女 / Enfant ☐ 孙子女 / Petit-fils ou petite-fille<br>☐ 直系亲属 / Ascendant à charge |  |
|---|---|
| 36. 申请地点和日期 / Lieu et date | 37. 签名（未成年人由其法定监护人代签）/ Signature (pour les mineurs, signature de l'autorité parentale/du tuteur légal) |

我已获悉，如果签证被拒绝，签证费用不予退还。
Je suis informé que les droits de visa ne sont pas remboursés si le visa est refusé.

适用于拥有多个条目签证的情况（参见 No.24）：我已获悉必须拥有合适的旅行医疗保险，适用于从初次入境直到在成员国领土进行的其他旅行结束。
Applicable en cas de demande de visa à entrées multiples (voir case no 24): Je suis informé de la nécessité de disposer d'une assurance maladie en voyage adéquate pour mon premier séjour et lors de voyages ultérieurs sur le territoire des États membres.

我知道并同意以下条款：本签证申请表中需要收集所需的数据资料以及我的照片，若需要，还会提取我的指纹。与我有关的填写在此签证申请表的任何个人资料，以及我的指纹和相片，将被提交给成员国的相关机构，以便在必要的时候审查我的签证申请。
若做出签证撤销、签证废止以及签证延期的决定，审理签证申请的资料将会被提交并存储在签证信息系统，最大期限为五年。在此期间，签证机关、掌管境外和成员国签证的相关部门、入境事务处相关部门、庇护核查成员国国内居留的遵守情况、核查没有履行或者无需履行条件人员、庇护申请审查和确定这一审查的权利，可以访问此签证信息系统。在某些情况下，这些资料也可以对如下机构开放，成员国指定当局和欧洲刑警组织在预防和打击恐怖犯罪和其他的严重刑事犯罪的检测，以及在这些方面的调查。该成员国对资料数据处理的管辖具有权威性；联邦移民办公室 SEM。
我在此声明，我有权获得经任何国家修改或变更后记录在签证信息系统有关我的个人资料，以及询问有关我的个人资料予以更正的权利，若它们不正确或者被视为非法而删除。
如我明确要求，对我的签证申请进行审理的使领馆应通知我以何种方式可以行使核查有关我的个人资料并依据有关国家法律规定更改或消除错误数据包括提供给我补救办法的权利。隶属国家监督机构的成员国（联邦数据保护和数据透明度，Feldeggweg 1, 3003 Bern）可以提交个人数据保护的要求。
我在此声明，就我所知，我提供的一切资料都是正确和完整的。我知道，任何虚假陈述都将导致拒绝签证或已发签证的废止，也可以根据我的申请进行审理的申根国家的法律规定进行刑事追究。
根据签证申请被批准，我承诺在签证到达日期时离开申根国家领土。我已获悉，拥有签证只是进入欧洲申根国家领土的其中一个条件。如果没有履行申根执行公约第五条第一款规定的条件而被拒绝入境，那么仅仅我拥有签证不意味着我有权就此要求赔偿。在进入欧洲申根国家的领土时，入境条件将再次受到审查。

En connaissance de cause, j'accepte ce qui suit: aux fins de l'examen de ma demande de visa, il y a lieu de recueillir les données requises dans ce formulaire, de me photographier et, le cas échéant, de prendre mes empreintes digitales. Les données à caractère personnel me concernant qui figurent dans le présent formulaire de demande de visa, ainsi que mes empreintes digitales et ma photo, seront communiquées aux auto-rités compétentes des États membres et traitées par elles, aux fins de la décision relative à ma demande de visa.
Ces données ainsi que celles concernant la décision relative à ma demande de visa, ou toute décision d'annulation, d'abrogation ou de prolongation de visa, seront saisies et conservées dans le système d'information sur les visas (VIS)[1] pendant une période maximale de cinq ans, durant laquelle elles seront accessibles aux autorités chargées des visas, aux autorités compétentes chargées de contrôler les visas aux frontières extérieures et dans les États membres, aux autorités compétentes en matière d'immigration et d'asile dans les États membres aux fins de la vérification du respect des conditions d'entrée et de séjour réguliers sur le territoire des États membres, aux fins de l'identification des personnes qui ne remplissent pas ou plus ces conditions, aux fins de l'examen d'une demande d'asile et de la détermination de l'autorité responsable de cet examen. Dans certaines conditions, ces données seront aussi accessibles aux autorités désignées des États membres et à Europol aux fins de la prévention et de la détection des infractions terroristes et des autres infractions pénales graves, ainsi qu'aux fins des enquêtes en la matière. L'autorité de l'État membre est compétente pour le traitement de données est le Secrétariat d'Etat aux migrations SEM.
Je suis informé(e) de mon droit d'obtenir auprès de n'importe quel État membre la notification des données me concernant qui sont enregistrées dans le VIS ainsi que de l'État membre qui les a transmises, et de demander que les données me concernant soient rectifiées si elles sont erronées ou effacées si elles ont été traitées de façon illicite. À ma demande expresse, l'autorité qui a examiné ma demande m'informera de la manière dont je peux exercer mon droit de vérifier les données à caractère personnel me concernant et de les faire rectifier ou supprimer, y compris des voies de recours prévues à cet égard par la législation nationale de l'État concerné. L'autorité de contrôle nationale dudit État membre (Le Préposé fédéral à la protection des données et à la transparence PFPDT, Feldeggweg 1, 3003 Bern) pourra être saisie des demandes concernant la protection des données à caractère personnel.
Je déclare qu'à ma connaissance, toutes les indications que j'ai fournies sont correctes et complètes. Je suis informé(e) que toute fausse déclaration entraînera le rejet de ma demande ou l'annulation du visa s'il a déjà été délivré, et peut entraîner des poursuites pénales à mon égard en application du droit de l'État membre qui traite la demande.
Je m'engage à quitter le territoire des États membres avant l'expiration du visa, si celui-ci m'est délivré. J'ai été informé(e) que la possession d'un visa n'est que l'une des conditions de l'entrée sur le territoire européen des États membres. Le simple fait qu'un visa m'ait été accordé n'implique pas que j'aurai droit à une indemnisation si je ne remplis pas les conditions requises à l'article 5, paragraphe 1, du code frontières Schengen et que l'entrée me soit refusée. Le respect des conditions d'entrée sera vérifié à nouveau au moment de l'entrée sur le territoire européen des États membres.

| 申请地点和日期 / Lieu et date | 签名（未成年人由其法定监护人代签）/ Signature (pour les mineurs, signature de l'autorité parentale/du tuteur légal) |
|---|---|
|  |  |

[1] 仅限签证信息系统VIS业务范畴。/ Dans la mesure où le VIS est opérationnel

### ❸ 货币兑换

瑞士货币为瑞士法郎。主要包括面额为10、20、50、100、200和1000法郎的纸币，以及面额为1、5、10、20、50生丁和1、2、5瑞士法郎的硬币。人民币兑换瑞士法郎比率约为6.5：1（以当天银行公布汇率为准）。瑞士国内兑换货币十分方便，在瑞士的银行、车站、宾馆、机场等各个地方都可以兑换美元或欧洲主要货币。

### ❹ 网络

瑞士火车站和很多旅馆都设有Swisscom的无线热点，游客只要打开电脑或手中有支持wifi的移动设备就可以直接连接到Swisscom的网站，之后选择适合自己的费率用信用卡付费，在有效期内可以在任何拥有Swisscom无线热点的地方上网。此外，瑞士全国的麦当劳餐厅都提供免费无线网络服务。

### ❺ 时差

瑞士和中国的时差为7小时（瑞士晚7小时），从3月的最后一个星期天到10月的最后一个星期天将采用夏令时，夏令时期间与中国时差为6小时。

### ❻ 通讯

瑞士的公用电话有投币和卡式两种。瑞士最大的通讯公司Swisscom在火车站、机场和邮电局均设置有公用电话亭，可以使用电子电话号簿根据地址或姓名查询电话号码，同时还可以发简单的电子邮件，所以用起来非常方便。除了电话卡外，还可以用信用卡或国际预约卡打电话。电话卡有5、10、20瑞士法郎面额的，可以在邮电局、火车站、报摊、加油站、Swisscom店等地购买电话卡。

### ❼ 电压

瑞士电压为220V，频率为50Hz，中国的电器在瑞士可以直接使用。瑞士的插座有两孔及三孔，一般酒店会提供转换插头，游人也可自备。

### ❽ 穿衣

瑞士人穿衣较为随便，由于早晚温差较大，即使是在盛夏时也要带上长袖的衣服。如果是要登雪山，羽绒服、口罩、帽子、手套等全套的防寒设备不可缺少。

### 9 酒店住宿

瑞士的旅游业发达，各种档次的酒店应有尽有，游客可以根据经济条件选择各类层次的旅馆投宿。瑞士的酒店都不会提供一次性牙刷、拖鞋等，需要自备。房间内没有热开水供应，自来水可以直接饮用，如有需要可以自带加热用品。在酒店内打电话、洗衣服，以及饮用房间冰箱里或吧台饮料、酒水、食品，都需到酒店前台付款。有的酒店设有收费电视，建议先弄清收费标准后再使用。

### 10 购物退税

游客在瑞士国内标有Tax Free标志的商店单日购买超过500瑞士法郎的商品时，可填写退税表格，之后在离境时携带购买的商品在机场标有Export documents的柜台将退税表格和购物单据盖章，之后在Cash Refund柜台可领取退税。

### 11 付小费

在瑞士并没有强制付小费规定，不过饭店和宾馆的费用都已包含小费，所以不用另外给(个别出租车例外)。此外，如果对服务感到满意，可以酌情给一点小费。

### 12 常用电话

瑞士医疗急救电话——144
瑞士报警电话——117
瑞士火警电话——118
瑞士救援电话——1414
瑞士道路服务电话——140
瑞士道路交通信息电话——163
中国驻瑞士大使馆电话——0041-31-3527333
中国驻瑞士苏黎世领事馆电话
——0041-44-2011005

**重要提示**

### 旅行证件丢失后怎么办？

在瑞士丢失旅行证件后请办理如下手续：

旅行证件一旦丢失、被盗或遭到损坏，请立即通报所在地警方。建议您在旅行前将含有个人信息的旅行证件页备份并在旅行途中随身携带。提供备份材料有助于简化补办程序。

警方将为您出具证件丢失证明。

外国人应在丢失旅行证件后立即与原籍国在瑞士的使领馆取得联系并备案。例如，中国公民应于中华人民共和国驻伯尔尼使馆或驻苏黎世使馆联系。按照规定，使领馆将签发替代性旅行证件。

注：旅行证件丢失一经证实，丢失的证件即作失效处理，即便之后寻回亦无法恢复使用。丢失或被盗的旅行证件号码将在全球范围内备案，使用报失的旅行证件会为您增添不必要的烦恼：您可能在入境时面临来自海关和警察部门的长时间盘问，导致最终错过应搭乘的航班。

# GO!瑞士交通!

### 航空
瑞士境内共有苏黎世、日内瓦、巴塞尔、伯尔尼和卢加诺5座城市开通有国际航班,中国游客可以从北京、上海、香港乘坐直飞苏黎世的航班。瑞士国际机场不需要支付离境税,游客还可在瑞士的火车站提前24小时办理登记手续、领取登机证并托运行李,十分便利。

### 铁路
历经150多年建设的瑞士铁路系统已十分完善。阿尔卑斯山地火车在丛山峻岭之间蜿蜒穿梭,山巅峡谷无所不及,路桥隧洞所向披靡。瑞士火车之安全、准时、舒适、整洁是世界闻名的,是点到点之间最理想便捷的交通工具。如果使用瑞士交通卡(Swiss Pass)出行,无论国铁还是私铁,都可随意换乘,畅行无阻。瑞士的国铁(与私营火车相区别)线路通常有:城郊线(S)、区间线(IR)和城际线(IC)。但是三线联网,车票通行,可以很方便地换乘。S线类似国内的城市轨道交通系统,仅在本市区域内运行;IR线的运行范围比较大,在联邦若干州之间运行;IC线则与欧洲铁路网联合运行。若使用家庭卡,年龄在15岁以下的孩子可跟随父母免费旅行。

### 长途客运
瑞士的公路运输线路四通八达,游客在瑞士观光旅行可选择乘坐舒适的邮政巴士,体验乘车穿越高山关隘的独特旅程。

### 邮政巴士
瑞士的邮政巴士路线网四通八达,目前共有约2000辆黄色车体的邮政巴士运行于瑞士国内400个火车站和1700多座乡村之间,总里程达到全国铁路网的1.5倍。邮政巴士路线沿途风光秀美,只要持有瑞士STS票证就可以乘坐全部线路的邮政巴士,但部分路线需要提前预约并补交相应费用。此外,邮政巴士还为团体和自助游游客提供瑞士全境的固定旅游线路,特别设计的游览服务及各种特殊兴趣路线,可以满足游人不同的需求。

## ❶ 伯尔尼交通

### 航空
伯尔尼只有一座名为贝尔普的小型机场,中国游客可以从北京经慕尼黑或法兰克福转机前往贝尔普机场,也可从苏黎世或日内瓦机场乘瑞士国内航班前往伯尔尼,航程分别为1小时和2小时,非常方便。贝尔普机场每隔半小时就有一班巴士开往伯尔尼市中心火车站,车程约20分钟,车费为14瑞士法郎。

### 铁路
伯尔尼作为瑞士首都,从瑞士国内各主要城市乘火车前往都非常方便,其中日内瓦、苏黎世、洛桑、因特拉肯、卢塞恩等城市前往伯尔尼的列车都是每小时一班,非常方便。

### 公交车
伯尔尼公交车和电车采取分站计价方式,一般6站以内票价1.7瑞士法郎,6站以上一律2.6瑞士法郎,游客可以购买一张面值9瑞士法郎的伯尔尼市内日票,在一天内可无限次乘坐。此外,伯尔尼和瑞士其他城市的公交车都采用车上抽查检票制,游客在遇到检票时需要出示车票或日票,下车前只需按一下扶手上的按钮就会在最近的车站停车,下车时再按一下车门旁的按钮,门就会自动打开。

### 游船

瑞士国内湖泊、河流众多，伯尔尼湖区也有众多游船定期运行，持有瑞士STS票证的游客可以根据时刻表选择合适班次的游船，乘船游览伯尔尼湖区周边的迷人风光，别有一番风情。

## ❷ 苏黎世交通

### 航空

苏黎世国际机场距离市中心11公里，是欧洲规模最大的航空枢纽之一，机场内分为A航站楼和B航站楼两部分。瑞士航空公司，以及与瑞士航空公司、三角洲航空公司合作的澳大利亚航空公司、新加坡航空公司、三角洲航空公司设在A处；其他的航空公司设在B处。旅客可以在A、B处之间步行往来。中国游客可以从北京、上海、广州、香港乘直达航班飞往苏黎世。从建于机场地下的火车站可以搭乘S-Bahn的S2、S16，或IC、IR等列车前往苏黎世中央车站，或搭乘Tram轻轨电车系统的Tram 10线列车前往苏黎世老城区站。

### 铁路

苏黎世中央车站是瑞士规模最大的铁路客运枢纽，每天有超过1900列火车在苏黎世中央车站停靠，游客从欧洲各主要城市和瑞士国内各城市都可乘火车前往苏黎世，其中卢塞恩距苏黎世火车行程50分钟，距伯尔尼火车行程1小时，日内瓦直达苏黎世需要2小时40分钟。

### 轻轨

苏黎世路面轻轨电车拥有13条遍布全市各城区的线路，游客可以在苏黎世各大广场售票厅购买车票，如果一天内需要多次搭乘轻轨可选择购买一日券。需要注意的是，取票后在首次使用前必须在车站或车上的戳印机打上启用日期、时间后才可以使用。

### 观光巴士

苏黎世观光巴士分The Zurich Trolley Experience和The Best of Zurich，其中每天9:45、12:00、14:00在中央车站发车的The Zurich Trolley Experience全程2小时并附有英语耳机导游，游客可乘车观光旧城区，并在景点处下车拍照；The Best of Zurich车辆为空调巴士，每天13:00从Sihlquai巴士站发车，全程2小时15分钟，同样附有英语耳机导游和3处下车拍照景点，并包含有短程市区徒步行程。

### 出租车

游客在苏黎世搭乘出租车需要在出租车站等候或者拨打出租车公司电话，通过电话叫车。苏黎世出租车起步价6瑞士法郎/2公里，超过2公里后每公里收费3.8瑞士法郎，电话叫车还需要支付叫车费用。

Alpha Taxi AG: 044-7777777,Taxi 444 AG:044-4444444,苏黎世出租车服务公司免费电话：1551188。

## ③ 卢塞恩交通

### 火车
卢塞恩的铁路交通十分便捷，从苏黎世前往卢塞恩仅需45分钟，而从日内瓦前往则需要2小时50分，从伯尔尼直达卢塞恩需要1小时。同时，卢塞恩也是瑞士的黄金快车和威廉泰尔快车这两条观光铁路的起点和终点，游客们可以选择在蒙特勒、茨韦西门、因特拉肯等地乘坐黄金快车前往卢塞恩，或是从洛迦诺、卢加诺、贝林佐纳等地乘坐威廉泰尔快车到达卢塞恩。值得注意的是，在卢塞恩购买当地的城市卡乘坐火车最为经济实惠，不仅可以无限次免费搭乘市内和近郊的公共交通，而且在合作博物馆还能获得门票五折优惠。

### 公交车
卢塞恩城市并不大，绝大多数景点都可以用步行到达，如果要去比较远的地方，则可以在火车站搭乘公交车前往。卢塞恩市内的公交车线路错综复杂，但是基本所有的公交线路在火车站都会设有站点，因此在火车站前等车最为方便。车票可以在总站的售票机上购买或是在车上直接向司机购买。如果持有火车联票则可以免费搭乘。

### 环城小火车
环城观光小火车其实并不是真正意义上的火车，而是一辆火车造型的观光巴士，游客们可以在当地的5星级饭店Schweizerh of Luzern门口搭乘，沿路会经过卢塞恩市内各个主要的观光景点，全程一共40分钟。更难得的是，在车上会配有包括中文在内的8种语言的语音导游设备，方便游人使用。

## ④ 日内瓦交通

### 航空
位于日内瓦的克万特兰机场规模并不大，但是却和欧洲各个主要城市都有航班对开，是瑞士最主要的交通枢纽之一。从世界上104个城市均可以乘坐飞机前往日内瓦。机场距市中心6公里，打出租车一般约需15分钟，车费为30~35瑞士法郎。有些酒店也提供免费的机场接送服务。值得注意的是，在瑞士境内50多座城市中央车站内都可以办理日内瓦机场的登机手续，并且还可以提供行李托运等服务，十分方便。

### 火车
日内瓦火车站是瑞士最繁忙的铁路交通枢纽，铁路网四通八达，人们可以从各个城市乘坐火车前往日内瓦。其中从苏黎世直达日内瓦的IC列车仅需2小时40分钟，从卢塞恩搭乘直达日内瓦的IC或IR列车需要花费2小时50分钟，从伯尔尼搭乘前往日内瓦的IC或IR列车需要1小时40分钟。此外，来自米兰、巴塞罗那等城市的列车每天也有不少班次。

### 游船
日内瓦毗邻西欧最大的湖泊日内瓦湖，各种游船也是人们出行必不可少的工具。在日内瓦市内有不少码头都提供游船服务，游客可以根据自己的喜好或是行程来决定游船项目。其中在日内瓦最热门的要数全长55分钟的日内瓦湖畔巡游和全长1小时30分的午餐巡游，可以一边享受湖光山色，一边享用美食。

畅游瑞士 推荐

### 公交车

日内瓦市区的规模并不大，基本上大多数景点都位于步行可以抵达的范围内。如果要前往位于郊区的景点，乘坐公交车是很不错的选择。日内瓦的公交车主要是TPG运营的，包括市区巴士和有轨电车两种，一般车费为3瑞士法郎，如果持有瑞士火车通行证或是日内瓦交通卡则可以免费搭乘。

## 5 卢加诺交通

### 航空

卢加诺机场位于卢加诺市区西侧，主要运营和欧洲各个国家之间的航线。游客们可以从苏黎世、日内瓦等瑞士国内城市，以及意大利、法国等国家的主要城市乘飞机前往卢加诺。从机场出来也有很多方式前往市区。在机场南侧有火车站，可以直接搭乘前往市区的火车，或是在机场直接搭乘巴士前往市中心，车票一般为8瑞士法郎。

### 火车

卢加诺是瑞士南方铁路交通的枢纽城市，基本上瑞士国内各个大城市都有前往卢加诺的火车。从苏黎世前往卢加诺需要2小时30分。从卢塞恩搭乘威廉泰尔快车到卢加诺需要5小时30分，中途须在贝林佐纳换车。此外每年的5月到10月，都有从圣莫里茨或库尔发出的博连纳快车，不过这趟车需要穿越意大利国境，所以需要随身携带护照和有效签证。

### 长途巴士

从圣莫里茨可以搭乘棕榈快车前往卢加诺，这趟长途巴士每年6月到10月运行，全程4小时左右，成年人票价为69瑞士法郎，如果持有瑞士火车通行证则可以免费乘坐，但是需要支付订位金15瑞士法郎。不过值得注意的是，这趟班车会穿越瑞意国境，所以需要随身携带护照和有效签证。

### 公交车

由于卢加诺的景点大多位于卢加诺湖畔，因此一般人都会选择在湖边步行。如果不想太劳累或是要前往比较远的郊区，公交车是最好的选择。卢加诺市内一共有11条公交线路，基本都会在卢加诺火车站汇集，在火车站等车是最方便的。同时，从这里还有一条短程电车线路，可以直达山下的旧城区。

# 速报！10大人气好玩旅游热地！

## NO.1 莱茵瀑布

莱茵瀑布是欧洲最大的瀑布，宽150米，落差23米，平均水流量700立方米/秒。自古以来这里就是著名的观光胜地，歌德也曾撰文称赞这座优美的瀑布。正是这个瀑布影响了船只在莱茵河上的通行，沿着莱茵河下去的船不得不先在这里把东西卸下来，沙芙豪森也就因此慢慢变成了城镇。

## NO.2 洛桑大教堂

高高耸立在老城区中心的哥特式大教堂——洛桑大教堂是瑞士规模最大、保存最为完整的教堂，也是洛桑城市的象征。教堂建于13世纪时，正门上是以圣经中的圣徒摩西、约翰等为主题的雕像；教堂内部庄严肃穆，许多石柱上都留有中世纪的彩绘。这里最有名的当属玫瑰窗，窗上的彩绘图案以不同季节与月份所形成的宇宙意象为主题，玄妙精致，美轮美奂。

畅游瑞士 推荐

## NO.3 地下湖泊

瑞士地下湖是欧洲最大的地下湖，位于瑞士西南部瓦莱州首府西昂附近。湖水的来源是泉水和地下水，是从洞顶和洞壁上渗透下来的，湖面水平如镜、湖水清澈。由于地震的原因，湖面升高数米遂成地下湖，为当地著名的游览地。

## NO.4 少女峰

少女峰是瑞士名山，是阿尔卑斯山脉中最壮观的高峰之一，也是欧洲最高峰之一，被冠以豪迈的称号——欧洲屋脊。少女峰位于劳特布鲁恩昂谷地，海拔4158米，延绵18公里，远望宛如银装素裹、飘飘长发的少女横卧白云之间。少女峰上有许多光怪陆离的冰洞，令人称奇。

## NO.5 冰河公园

冰河公园驰名欧洲，是卢塞恩的著名游览地。冰河公园是由冰川侵蚀而成的石洞、石穴组成的公园，是第四纪冰川形成的地貌遗迹，有"卢塞恩玻璃宫"之称。冰河公园有大量的棕榈树、大象、恐龙和其他动植物化石，见证了古代瑞士的冰川时代。

## NO.6 西庸城堡

西庸城堡位于瑞士南部都蒙特勒郊外，莱蒙湖之滨，是瑞士最大的中世纪古堡，以前是王公贵族的居住地，现在为兵器馆、档案馆、博物馆。古堡矗立在湖上，地势险要，呈赭红色，方圆几十里颇有神秘浪漫的气息。古堡内陈列的酒壶、餐具以及刀枪剑戟可以反映出贵族生活的奢靡。

## NO.7 瑞吉山

瑞吉山是阿尔卑斯山的最前沿，被称为山峦皇后，是瑞士中部最有名的瞭望台。自古以来，它就是一个很有名的观赏日出和日落的地方。瑞吉山海拔只有1800米，对于阿尔卑斯山脉来说并不出众，却吸引了欧洲无数的王公贵族、文人墨客。这里的山林美景非常漂亮，翡翠般的清澈湖泊、一望无际的翠绿平原、四季分明的美景无不吸引着人们。

## NO.8 日内瓦湖

　　日内瓦湖是阿尔卑斯湖群中最大的一个，是西欧的重要湖泊。湖南是白雪皑皑、风光秀丽的山峦，山北广布牧场和葡萄园。湖水清澈湛蓝而驰名世界。在日内瓦市区的湖中有许多白天鹅栖息着，远郊的湖面和山景构成一幅幅绝美的油画。

## NO.9 狮子纪念碑

　　琉森的狮子纪念碑位于美丽的卢塞恩，被马克·吐温誉为世界上最哀伤、最优美的狮子雕像，是丹麦雕刻家特尔巴尔森设计的，这是为了纪念1972年法国大革命民众攻击法国杜乐丽宫，为保护法王路易十六及玛丽王后而死的786名瑞士军官和警卫所建立的。秋天去瞻仰更为合适。

## NO.10 伯尔尼大教堂

　　伯尔尼大教堂是瑞士晚期哥特式建筑的典范，建于1421年，直到1893年才竣工。教堂顶上修建了高度为100米的尖塔，使之成为瑞士最高的教堂。教堂的"最后的审判"浮雕和彩画玻璃较为著名。教堂内有一台瑞士最大的管风琴。登上19世纪建成的尖塔，可俯瞰伯尔尼市。

# 速报！10大FREE主题迷人之选！

### NO.1 班霍夫大街

瑞士苏黎世的班霍夫大街是欧洲最长的一条购物大道，也是世界上最昂贵的购物大道之一，与纽约第五大道(the 5th Avenue)齐名。班霍夫大街历史悠久，现在的班霍夫大街是一条树荫成排的高档购物街。沿着街道你可以找到瑞士最高档的商店，这里拥有最顶尖设计师设计的服装、鞋子、皮毛、首饰、瓷器和珠宝等高档选择，当然，还有瑞士手表。

### NO.2 卢塞恩旧城

卢塞恩具有21世纪的现代化特征，更具有中世纪所特有的美、和谐及生命力，可以说是欧洲最浪漫的小镇之一。这里街头随处可见各种各样的特色面具，市内古老狭窄的街道和广场上，到处是令人驻足的商店。游客在这里可以感受到悠闲的气氛，在Fasnacht及MardiGras嘉年华期间，全城更是充满欢乐奔放的气氛。

## NO.3 米伦小镇

　　米伦小镇位于少女峰地区西侧,与东部的格林德尔瓦尔德相望,是在老特布龙嫩山谷悬崖上的小山村。充满阿尔卑斯风情的米伦,弥漫着阿尔卑斯朴素的山村氛围,空气清新。这里是雪朗峰的起点,能眺望少女峰、僧侣峰、艾格峰的美景。

## NO.4 何维克街

　　何维克街是因特拉肯的主要街道,这里人流如潮,南侧是荷马特绿地,北侧有高级酒店和赌场。走在大街上,闻着泥土的清香,感受着煦日下和风吹过脸颊的轻柔。在这里可以远观少女峰,感受异域情调所带来的心灵之旅的美妙和奇幻。

畅游瑞士 推荐

## NO.5 卡佩尔廊桥

卡佩尔廊桥又叫教堂桥,这是卢塞恩的标志,始建于1333年,也是欧洲最古老的有顶木桥。桥的横眉上绘有120幅宗教历史油画,沿途还可欣赏描述当年黑死病流行景象的画作。黄昏时在此漫步,仍可领略卢塞恩的一股浪漫的中古情怀。现今是卢塞恩明信片不可缺少的景物。每到初夏,木桥外侧就种满了天竺葵。

## NO.6 花钟

花钟是日内瓦著名的景点,瑞士的能工巧匠将花卉之美同钟表的制造工艺完美地结合了起来,别出心裁地创造出了"花钟"。花钟位于莱蒙湖畔,鲜艳芬芳的鲜花随着季节变换颜色,同时也具备时钟功能。瑞士人对花钟引以为豪,日内瓦市的地图就采用花钟作为该市的标记。

## NO.7 大喷泉

　　大喷泉是位于瑞士日内瓦湖畔的一座特大型人工喷泉，使用高压泵抽取日内瓦湖水并打上空中，喷出的高度可达140米。此喷泉也是日内瓦的著名地标，从日内瓦的许多地方都可以望见。在喷泉下方有一条堤道，喷出的湖水有时会随着风向直接落在堤道上，宛如倾盆大雨。大喷泉为日内瓦的热门观光景点。

## NO.8 联邦国会大楼

　　联邦国会大楼是伯尔尼的一座建筑，是瑞士联邦议会所在地。联邦国会大楼的两院由穹顶大厅分开，圆顶本身的外部高度为64米，内部高度为33米。中央描绘瑞士国徽和拉丁文格言"人人为我，我为人人"，周围环绕着州徽。这里装饰华丽，立有瑞士国父们的雕像，一盏由214个灯泡组成的大吊灯映衬着彩色玻璃穹顶。大楼前的广场还有壮观的喷泉表演。

畅游瑞士 推荐

## NO.9 伯尔尼玫瑰园

玫瑰园是伯尔尼市内的古老建筑园林，园内种植着220多种、共计18000株的玫瑰或者鸢尾花、樱花等，还有历史悠久的古老喷泉和典雅风格的建筑。这里气候宜人，每到玫瑰花期，上万株玫瑰竞相开放。在这里还可以一览老城区的全景，是休闲放松的好去处。

## NO.10 钟楼

钟楼也称得上是伯尔尼的城市象征。始建于13世纪的这一座巨型钟楼，原来是伯尔尼城的门户，如今这座具有历史性意义的钟楼是最有名的一处景点。楼中的小人会在每一整点前的4分钟旋转着从华美的钟楼中出来报时，吸引游人驻足。拥有迷人外形、数字、钟面的天文钟是到1530年才正式完工的杰作，里面13世纪精湛的机械工艺则让人感到惊讶。

# 美食!10大人气魅力平民餐馆!

## 1 Sprungli Chocolate

Sprungli Chocolate号称瑞士第一的巧克力店,他们家并不以黑巧克力出名,而是靠细腻雅致取胜,广适性非常好。VIP和No.1,还有十大精选,都是店里的畅销产品。这里的巧克力多种多样,美爆你的眼球,足以刺激你的味蕾。这里知名度很高,人气爆棚。

畅游瑞士……推荐

## 2 Findlerhof

Findlerhof餐厅是一家坐落于山上的小餐馆,由老板夫妻亲自招待顾客。如果想品尝地中海风味的菜肴,不妨试试有嚼劲的意大利面和调味饭。新鲜松软的鸡蛋、可口的咸肉和韭菜使Matterhorn Quiche成为招牌菜。夏天,饭店的高山种植园可产出多汁的蔬菜、水果和浆果,使得无数游客流连驻足,不忍离去。

## 3 Brasserie Anker

瑞士土豆饼风靡整个瑞士,大街小巷都可以买到这种风味美食,但是伯尔尼的Brasserie Anker餐厅是做得最好的。新鲜爽口的土豆煎饼,再配以当地啤酒,绝对是你味蕾的独特享受。

## 4 Engiadina
餐馆

瑞士干酪协会于1930年声明将奶酪火锅定为国菜，但面包蘸融化奶酪的传统可以追溯到几世纪以前。Engiadina餐厅是一家位于圣莫里茨度假胜地的小餐馆，在这里你可以享受到瑞士这一传统美食。除了种类繁多的奶酪火锅，香槟酒更是多种多样，是你用餐的好去处。

## 5 Hiltl
餐馆

从以香肠为中心的饮食文化来看，苏黎世未必是世界上最古老的素食餐厅的发源地，但家族餐厅Hiltl已服务了超过四代的素食者。它与城市强大的美食帝国竞争，且用其创意美食和自助餐吸引素食者和肉食者。在过去的百年间，它的产品已经从简单的以淀粉为主的食物发展到了具有异国情调的各类美食。

## 6 Fischer's Fritz restaurant
餐馆

Fischer's Fritz restaurant位于苏黎世湖畔唯一的露营地，深受城市居民的喜爱。顾客所食用的鱼是直接从苏黎世湖打捞出来的，餐厅雇用了渔夫每天投网打鱼。你可以尝到由白鱼、鲑鱼、梭子鱼、欧鲇、江鳕和水母等制作出的美食佳肴。此外，瑞士炸鱼薯条(fischknusperli)和由日本餐厨师制作的淡水寿司都值得一试。

## 7 Café de Paris
餐馆

位于日内瓦的Café de Paris餐厅一直以经典的牛排炸薯条享誉世界。每一个食客会在享用主菜Entrecôte de Café de Paris之前来点绿色沙拉和热卷。The Café de Paris sauce，是一种由秘方制成的带有香草和香料色彩的调和物，并由船运往远在迪拜的下属餐厅。你既可以在露台上观赏，也可以在传统小酒馆里享受。

## 8 餐馆 Chez Vrony

Chez Vrony在成为美食餐厅之前，一直致力于制作土食者料理。在过去的100年中，这家家族经营的餐厅一直提供来自Findeln山村的新鲜乡野风味。腊肉是该餐厅的招牌，风干牛肉来自由阿尔卑斯山上的草养大的牛，奶酪也是家庭自制的。这家餐厅现代的室内设计与该地区普遍存在的瑞士牧屋形成了对比，此外，阳台上的餐位可以欣赏到马特洪峰的美景。

## 9 餐馆 巴塞尔圣诞市场

在瑞士寒冷的天气里，人们最喜爱的饮品是热葡萄酒。它的灵感来自德国，含有肉桂、丁香和八角的甜辣味道。畅饮热葡萄酒最好的地方要数巴塞尔圣诞市场，它是瑞士最大、最迷人的度假乐园。当你浏览过数百个提供当地欧洲风格的国际工艺品、礼品、玩具和装饰品的摊位后，你可以一边吃着新鲜出炉的华夫饼，一边啜饮热葡萄酒来抵御寒冷。

## 10 餐馆 Calypso

这是一家闻名的地中海餐厅，主菜是西班牙黑毛猪排，面包免费。环境大气优雅，全是玻璃窗，在这里用餐身心愉快。开放式厨房也别具特色，餐厅分工明确，服务周到。在这里来一次浪漫温馨的约会，是一个不错的选择哦。

# 带回家！特色伴手好礼！

## 1 纪念品 瑞士手表

瑞士手表是人们在挑选手表时的首选，瑞士钟表制作精良，款式或新颖或豪华，工艺精湛，质量卓越。知名品牌有：梅花、劳力士、欧米茄、天梭、浪琴等。瑞士手表多为纯手工制作，耗费时间长价格不菲。选购 瑞士手表可以到中国驻瑞士大使馆，那里不仅表的品种多，而且物美价廉。

## 2 纪念品 瑞士维氏军刀

维氏军刀（Victorinox）袖珍工具凝结着一百多年的传统和经验。瑞士军刀最初为军队打造，如今瑞士军刀成为品质、功能和瑞士发明的象征。基本工具为：主刀、副刀、镊子、圆珠笔、牙签、剪刀、开瓶器、螺丝起子等等。现代化军刀功能繁多，包括液晶时钟、LED手电筒、存储U盘、激光笔、打火机、指甲钳甚至MP3播放器等等。

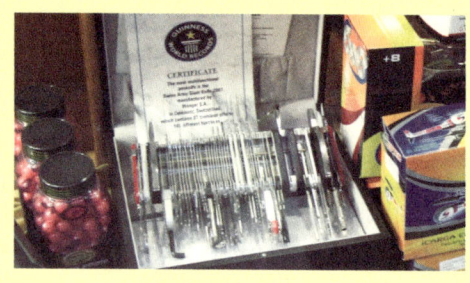

## 3 纪念品 巧克力

巧克力制造业是瑞士最古老的工业之一，瑞士巧克力在全世界享有盛名。瑞士巧克力最初是技艺高超的手工艺人制作，现在投入科学技术生产，从而风靡全世界。斯普伦里是全球最古老、最著名的巧克力制造商，他们用代代相传的手艺和最新鲜的材料来保证巧克力的传统和美味，使瑞士巧克力闻名于世。

### 纪念品
## 4 瑞士宾博奶粉

宾博品牌由菲施乐·斯宾登于1932年在瑞士伯尔尼创立,同年开始专注研究、生产儿童专用食品,至今已有80多年历史。作为公认的瑞士婴幼儿营养食品领导品牌,宾博奶粉选用阿尔卑斯山草原牧场高品质奶源,采用瑞士精致工艺制造而成,同时符合欧洲BRC和中瑞的双重品质管控标准。宾博80多年来精心打造精品奶粉,享誉欧洲乃至世界各地。

### 纪念品
## 5 牛铃

牛铃原本是一种打击乐器,在西方国家广为人知,用途广泛。瑞士的传统礼品牛铃是一种很受欢迎的精美工艺品。瑞士牛铃均为黄铜制造,现在人们给它配上皮带,绘上五彩花纹,当成贵重礼品馈赠亲友。

### 纪念品
## 6 日内瓦葡萄酒

日内瓦在欧洲可谓是葡萄酒的一大产地,日内瓦的葡萄酒可以称为一绝,其葡萄园的面积在瑞士全国名列第三位。日内瓦的酿酒历史悠久,已绵延许多世纪。与其他地方的美酒相比,日内瓦的葡萄酒品质优良,而且价格十分公道。

## 7 利口乐 纪念品

利口乐是瑞士著名的薄荷润喉糖品牌，其公司于1930年成立，总部设在瑞士色芬。利用瑞士山间的十三种花草——接骨木、柠檬草、鼠尾草、欧蓍草、斗篷草、锦葵、薄荷、樱草、苦薄荷、药蜀葵、地榆、婆婆纳草、车前草，研制而成的利口乐薄荷润喉糖，口味独特且清凉滋润，是全球消费者最喜爱的润喉糖品牌之一。

## 8 珠宝首饰 纪念品

瑞士生产大量的精致首饰，瑞士的首饰手工艺水平高超。如果你去逛瑞士的珠宝店，那里的陈列品一定会让你终身难以忘怀，最愉快的事情莫过于将自己喜欢的那一件首饰带回家。

## 9 瑞士芝士 纪念品

芝士是瑞士人在日常饮食中必不可少的调味品，就像中国人的酱油一样，占有非常重要的地位。如果你可以接受这种口味或者你也很喜欢它，在异国他乡享受美味时不要忘记把它带回来。烹调自己喜欢的食物，请亲友一起来分享，何尝不是一种快乐呢。

## 10 手工艺品 纪念品

瑞士的冬天连续下雪，道路阻塞，因而人们可以在家专心致志地做手工艺品。瑞士人自古以来利用农闲期制作的手工艺品或特色名产受到广大消费者的欢迎。在织物产业繁盛的圣加仑或阿彭策尔，纤细的花边和刺绣是一大特色；在代堡，剪贴画工艺品则非常有名；在一直以木雕闻名的布里恩茨，可以购买木雕工艺品。

# 购物！10大人气购物潮流地

## 1 Coop超市
**买平货**

　　Coop集团是瑞士零售业巨头，是瑞士第二大商业集团，Coop的连锁超市在瑞士非常有名，号称是瑞士最新鲜的超市。Coop超市环境优雅，东西摆放整齐，价格整体略贵，但是水果和生活用品物美价廉，尤其是一些巧克力、果汁、酸奶、红酒非常便宜，可以让你大饱口福！

## 2 苏黎世机场
**买平货**

　　苏黎世机场被列为世界十大顶级购物机场之一，是极具魅力的购物天堂。苏黎世机场就像一座综合城镇，这里有繁华的街道和广场、密集的商店以及迷人的咖啡馆和餐馆。游人在这里可以享受到很多免税或超值的名品，包括来自Guess、Calvin Klien、Versace、Sand和Mexx等国际品牌的服装、饰品和珠宝，价格非常吸引人(最高折扣可达50%)。

## 3 O.ZBINDEN
**买平货**

　　位于日内瓦的市中心，靠近Cornavin火车站，在通向Léman湖的街道上，这条街的17号就是O.ZBINDEN品牌商店。在勃朗峰地区，这家精品店所提供的珠宝和高档腕表品牌最多，共有18个奢侈品牌，包括芝柏、欧米茄、名士、雷达、浪琴、古驰、美度、汉米尔顿、蕾蒙威、梅花、天梭等。

## 4 天鹅广场
**买平货**

　　天鹅广场是卢塞恩最热闹的中心地带，这里环境优雅，风景如画，同时也是手表等奢侈品的天堂。如果你是瑞士手表和珠宝的爱好者，卢塞恩的天鹅广场可以满足你的需求。Bucherer、Guebelin等多家著名手表珠宝店包罗了几乎所有知名的瑞士品牌。

畅游瑞士 推荐

## 5 伯尔尼 买平货

要获得独特而浪漫的购物体验，就请你到伯尔尼古老的市中心。在这里，拥有数百年历史的古老建筑物中，古董店、画店、钟表店比比皆是，豪华商品的专卖店、面包店和肉食店数不胜数。这座城市被称为"世界上最大的中古式购物中心"。

## 6 隆和大街 买平货

隆和大街是日内瓦的主要购物区，由旧城区伸延至隆河南岸。这里汇集了世界著名的拍卖行，如Christie及Sotheby。在古董钟表专家Antiquorum的店铺中，游客可以见到许多珍贵的古董、文物、钟表及首饰。

## 8 巴恩霍夫大街 买平货

苏黎世的巴恩霍夫大街一直被视为世界上最著名的购物大道之一。无论你是想购买手表、巧克力、饰品、时装或者古董，你都能在这里或附近找到令自己满意的商品。

## 7 宝嘉尔钟表珠宝连锁店 买平货

宝嘉尔在瑞士有14家分店，这里除了豪华手表品牌一应俱全、常年经销之外，还有华贵多彩的，用钻石、珍珠和宝石制成的各种古典或时尚珠宝首饰。同时，店内还提供各种精美的礼品和纪念品供您选择。

## 9 因特拉肯 买平货

因特拉肯在地理上是伯尔尼高地的中心。这儿出产著名的手纺精细网织品，其中以"抹布"闻名于世。还有布里恩茨湖的木刻，工艺复杂，也是当地的特产。这儿传统的手工彩陶制品也很出名，深受游客青睐。因特拉肯的商店大多集中在西站周边热闹的街道。在少女峰附近，夏天每周周二都有露天集市。

## 10 马尔克特大街 买平货

马尔克特大街有许多服装店，店里有很多由意大利和法国著名设计师设计的名牌时装。同时，这条大街上的餐具店、文具店、家庭用品专卖店更是荟萃如云，琳琅满目的橱窗商品令人眼花缭乱。

# 超IN!8天7夜计划书

## ☀ DAY 1

**白天** 苏黎世大教堂+圣母教堂+瑞士国家博物馆+玉特利山+苏黎世湖

来到苏黎世，最显眼的就要数大教堂的双塔了，这是苏黎世的象征。整个教堂除了建筑十分雄伟外，内部还有不少精美的壁画和浮雕，很有看头。圣母教堂和苏黎世大教堂隔利马特河对望，相比之下大教堂显得更加纤细优雅。在教堂里能看到十分漂亮的彩色玻璃窗，都是出自大师之手。瑞士国家博物馆的造型就好像是童话里的城堡一般，博物馆收藏了瑞士远古时期及中世纪时期的精美文物。玉特利山是苏黎世的制高点，平时很多当地市民都会乘坐缆车登山踏青。在山上可以将苏黎世的城市风光一览无遗，甚至还能看到远处的阿尔卑斯山。苏黎世湖的洁净是每个来这里旅游的人印象最为深刻的，在宛如蓝宝石的湖面上不时还会有天鹅悠闲地游来游去，漂亮极了。

**畅游瑞士 推荐**

## ☾ NIGHT 1

**黄昏-晚间** 班霍夫大街

班霍夫大街和欧洲很多知名商业街齐名，不光白天热闹，晚上也有别样的风情。每家店闪亮的灯火将这里照得宛如白昼，不少年轻人流连街头，非常热闹。

## ☀ DAY 2

**白天** 卢塞恩旧城+狮子纪念碑+卢塞恩湖+铁力士山登山缆车+铁力士山

卢塞恩旧城位于罗伊斯河右岸，有好几处被古老建筑所包围的广场，将中世纪欧洲风情尽显无遗。很多建筑外墙上还有精美的壁画，好看极了。狮子纪念碑是卢塞恩的象征之一，是丹麦著名雕刻家托瓦尔森的杰作。整个纪念碑雕刻在一块天然的岩壁上，将垂死的狮子依然不断抗争的精神展示得淋漓尽致。卢塞恩湖的美一直都令人心驰神往，人们可以乘坐游船进入到这片蔚蓝的水域中，尽情体验和大自然亲密接触的奇妙感觉。如果想要登上铁力士山，乘坐缆车是最好的选择。从山底到山顶需要换乘3种不同的缆车，沿途可以看到数不清的美丽风景。登上铁力士山山顶，每个人都能感受到这里雄伟的气势。

## ☾ NIGHT 2

**黄昏-晚间** Stadtkeller餐厅

晚上来到Stadtkeller餐厅，不光可以享用美味的瑞士美食，还可以欣赏到传统的民谣表演。在传统乐器的伴奏下，表演者尽情演奏，尽显瑞士传统文化。

## DAY 3
### 因特拉肯+格林德尔瓦尔德

因特拉肯是一座湖光山色交织的度假天堂，位于小镇两侧的布里恩茨湖和图恩湖秀美非凡，高耸入云的少女峰更是引人入胜。格林德尔瓦尔德是人们前往少女峰途中不能错过的乡间小镇，镇子位于一片无尽的绿野之中，到处都充满了淳朴的田园风情。

## DAY 4
### 少女峰铁道+少女峰+斯芬克斯观景台

少女峰铁道前后花费了16年时间修建，甚至还在险峻的山壁上开凿了一个隧道，工程之艰难可想而知。但是乘坐火车通过少女峰铁道欣赏少女峰的美丽景色，却是每个人都不会错过的。少女峰一直都是瑞士人气最高的游览胜地，少女峰、僧侣峰、艾格峰3座山峰连立的壮美风光永远烙印在人们的心中。欧洲最长的阿莱奇冰川更是人们探险的好去处。斯芬克斯观景台位于少女峰的最高处，人们来到少女峰车站后可以乘坐电梯直上观景台。在这里整个阿莱奇冰川和阿尔卑斯山的景色一下子就出现在人们眼前，其壮观之景难以用语言形容。

 **DAY 5**

卡鲁日镇+联合国欧洲总部+国际红十字会博物馆+时间之城

卡鲁日镇是位于日内瓦郊区的幽静小镇，各式各样的手工艺品店是这里的特色。小镇内依然保持着中世纪时期的独特人文气息，吸引了很多游客。联合国欧洲总部又名万国宫，是联合国在欧洲主要的会场。人们可以在导游的带领下参观代表们开会的场地，还有各式各样表现世界和平的雕塑。国际红十字会博物馆以各种声光效果向人们展示了红十字会成立的历史，让人们在谈笑之间就能领悟到和平的重要性，称得上是欧洲最有趣的博物馆。时间之城是一处向人们展示瑞士高超的钟表制造业的空间，这里包含了餐厅、咖啡馆、艺廊等设施，而Swatch手表的展示馆也是人们关注的焦点。

## DAY 6

**白天** 日内瓦市政厅+罗纳河大街+圣皮埃尔大教堂+百达翡丽钟表博物馆+英国花园+亚莉安娜博物馆

日内瓦市政厅是日内瓦政府办公地，是一座传统的欧洲建筑。市政厅的历史意义十分重大，《日内瓦公约》就是在这里签订的。罗纳河大街是日内瓦最著名的钟表汇集地，在大街上有各种品牌的钟表专营店，精美的钟表让人眼花缭乱。圣皮埃尔大教堂是日内瓦旧城区里最显眼的建筑，高耸的双塔和尖顶在城内任何一个地方都清晰可见。如果能登上双塔，日内瓦的城市风光更是一览无遗。百达翡丽钟表博物馆是百达翡丽这个世界知名品牌的"圣地"，博物馆内汇集了各个历史时期、各种款式的百达翡丽，是钟表迷们绝不能错过的。英国花园是日内瓦湖畔最值得称道的景点，在公园里有一座巨大的花种，是"钟表之都"日内瓦最漂亮的一座钟。亚莉安娜博物馆是欧洲最重要的陶瓷博物馆，馆藏的陶瓷器超过20000件，其中包括不少仿中国青花瓷烧制的作品，深得其神韵。

畅游瑞士 推荐

## NIGHT 6

**黄昏-晚间** 柏德弗广场

晚间的柏德弗广场依然是人流汇聚的热闹地方，各种集市和小吃店人声鼎沸，可以买到不少价廉物美的手工艺品。

## ☀ DAY 7

**白天** 伯尔尼旧城+联邦国会大楼+熊公园+伯尔尼大教堂+伯尔尼历史博物馆+玫瑰园

伯尔尼旧城区至今依然完好地保持着中世纪时期的风情，很少有钢筋水泥建筑，具有浓郁的历史韵味，各种漂亮的喷泉也让人神往不已。伯尔尼联邦国会大楼是一幢文艺复兴式的宏伟建筑，在国会大楼前有一片开阔的国会广场，广场上的喷泉会以不断变化的强度和节奏给人们带来一场精彩的表演。熊是伯尔尼的象征，在熊公园中饲养着近百只憨态可掬的熊，其中小熊Bjork和Finn是最受当地人喜爱的动物明星。伯尔尼大教堂是全瑞士最大的宗教建筑，高达百米的钟楼更是全瑞士之最。整个教堂一共建造了400年，到处都是繁复精美的雕饰，极具美感。伯尔尼历史博物馆就好像是童话中的城堡一般，博物馆内展出的内容包罗万象，从远古的埃及文字到中世纪的盔甲武器等应有尽有，还有一座专门介绍爱因斯坦生平的展览厅。玫瑰园是一处可以将伯尔尼城市风景一览无遗的好地方，在园内一共种植了200多种18000株玫瑰花，一到花期花团锦簇，美不胜收。

## ☾ NIGHT 7

**黄昏-晚间** 洋葱集市

洋葱集市一般会在每年11月的第四个星期一举行，各式各样的洋葱摆满了整个集市。即使是到了晚上，集市的热闹程度也一点都不会减少，人们在洋葱上画上卡通图案，显得十分可爱。

 **DAY 8**

白天  莱茵河畔施泰因+莱茵瀑布+沙夫豪森老城区

　　莱茵河畔施泰因就像是莱茵河畔的一颗宝石，这里几乎每一幢楼都有色彩鲜艳的壁画。走进这座小镇就像是走进了美术馆一般，让人印象深刻。莱茵瀑布是欧洲最大的瀑布，还没走近瀑布就能听到如万马奔腾一般的声响。而来到瀑布前，人们更是会被它那磅礴的气魄所压倒。水流从高空奔流而下，壮观极了。沙夫豪森是游览莱茵瀑布时必经的小镇，虽然规模不大，但是每一幢房屋上都有漂亮的凸窗，使得每一幢屋子都像是一件艺术品。

畅游瑞士 推荐

 **NIGHT 8**

黄昏-晚间

　　返回苏黎世，启程踏上归途。

# SWITZERLAND GUIDE

## Switzerland
### 畅游瑞士 ①

# 伯尔尼

地处瑞士中西部的伯尔尼是瑞士的首都和伯尔尼州首府,同时也是瑞士第四大城市和全国政治、文化中心。历史悠久的伯尔尼又被称为熊城,据说城市的名字源自德语中"熊"一词的发音,因而这座古老的城市中不论喷泉还是街道,或是一些历史悠久的建筑上,几乎都有熊的雕塑与装饰。

## 01 伯尔尼旧城区
### 历史悠久的城区

伯尔尼旧城区位于阿勒河的U字形河湾中，早在800多年前就已经有人在这里建城，经过数百年的发展，有了现在的伯尔尼古城的样貌。虽然地形限制了城市的规模，但是却很好地保存了古城的古老风貌。在伯尔尼古城中看不到一座钢筋水泥的现代建筑，有的只是砖石砌成的古老房屋，显现出伯尔尼优雅的古典美。作为瑞士的首都，伯尔尼居然能有如此风情万种的历史风貌，放眼世界也是绝无仅有的，让人们对这里更加向往。

**TIPS**
🏛 Old City of Bern ☎ 031-3281212 🚌 乘10、19路公交车在Bundesplatz站下 ★★★★★

### 看点01 Marktg.-Kramg.大街
#### 形形色色的喷泉引人注目

在伯尔尼旧城区最引人注目的要数那些形形色色的喷泉，在伯尔尼一共有250多座喷泉，其中12座拥有极为精美的雕塑。这些喷泉大多集中在Marktg.-Kramg.大街上，而且每一座喷泉都有各自不同的背景和故事。比如安娜·萨莱喷泉就是为了纪念捐款兴建医院的安娜·萨莱而建的，而摩西喷泉和参孙喷泉则是为了纪念《圣经》中的人物而建。此外还有一座令人望而生畏的食童喷泉，因为过去曾经有孩童跌落进附近的深沟，故而人们在这里建起一座可怕的喷泉来提醒贪玩的孩子们不要靠近。

## 看点 02 洋葱集市
伯尔尼一年一度最重要的节日庆典之一

起源于1405年的洋葱集市是伯尔尼一年一度最重要的节日庆典之一。每年11月第四个星期一早上，伯尔尼火车站附近的摊位就会聚集超过700家商贩，每个摊位都摆满新鲜的洋葱和各种时令蔬果，小贩们还会打扮成小丑和古代人物的模样，在街上互相抛撒彩色纸屑、表演历史故事，游人可以品尝新鲜可口的洋葱点心，场面非常热闹。

## 02 联邦国会大楼 赏
伯尔尼的标志性建筑

### TIPS
📍Pariser Platz 11017 Berlin (Mitte) 🚆乘轻轨S1、S2、S25在菩提树下大街站下 ☎030-26394336 ★★★★★

联邦国会大楼是伯尔尼的标志性建筑，也是瑞士联邦政府和国会的所在地。这座文艺复兴式的建筑始建于1852年，前后一共修建了50年才完工。在建造的过程中一共邀请了38位艺术大家来到这里为大楼进行装饰，使得整座大楼呈现出不同的艺术风格。宏伟的墙面和碧绿色的主楼圆顶是大楼最显著的标志。目前联邦国会大楼每天都会有入内参观的游人，人们可以在导游的带领下转遍大楼内的各个房间，了解这些房间的用途，感受建筑之美。

畅游瑞士 · 伯尔尼

# ✱ 国会广场
欣赏美丽的喷泉表演

**TIPS**

📍Bundesplatz 🚌乘10、19路公交车在Bundesplatz站下
⭐⭐⭐⭐

  国会广场位于联邦国会大楼前,每天都有熙熙攘攘的游客在这里休息或是拍照留念。广场正中心有一组音乐喷泉,26个喷头会以不断变化的高度和节奏来进行表演。特别是到了晚上,26道高高的水柱映衬着背后国会大楼的美丽灯光,将国会大楼的夜景完全展示在人们眼前。因此即使是晚上,国会广场上也可以看到很多休息的人群,大家在夜色的笼罩下一起欣赏着美丽的喷泉表演。

# 03 熊公园
可爱的小熊们自由生活的地方 〔逛〕

  早在伯尔尼建城之初,统治这里的柴林根公爵就决定以捕获的第一只动物来为新城命名,结果他顺利地捉到了一只熊,于是熊就成了伯尔尼的标志。2009年,伯尔尼在过去"熊苑"的基础上建起了这座熊公园,并从动物园中迁入了很多熊,这是当时全体伯尔尼人的一件大事。如今在这座熊公园里饲养着很多熊,公园并不像动物园那样用笼子将熊圈养起来,而是让它们自由自在地在公园中任意活动,人们也可以享受给小熊喂食的乐趣。

**TIPS**

📍Girosser Muristalden 6, 3006 Bern 🚌乘12路公交车在Barengraben站下 ⭐⭐⭐⭐⭐

## 04 伯尔尼3D展示厅
通过各种3D影片了解伯尔尼

伯尔尼3D展示厅位于熊公园附近，是由过去的停车场改建而来的，其实就是建在熊公园客服中心的一个小剧场。剧场结合投影电影、可活动的立体模型等，向人们展示了伯尔尼800多年的历史风貌。整个3D影片从伯尔尼最初的建城开始，直到发展成现在的规模，让人们了解这座城市在漫长历史时期内的发展变迁，而且先进的3D技术让人们感觉每一个场景都栩栩如生。

**TIPS**
- Near Bear Pit
- 乘12路公交车在Barengraben站下
- 031-3281212
- 3瑞士法郎
- ★★★★

## 05 Altes Tramdepot
人气最高的啤酒酒吧

**TIPS**
- Grosser.Muristalden 6,3006 Bern
- 031-3681415
- ★★★★★

Altes Tramdepot位于熊公园游客服务中心后方，原本也是旧停车场中的建筑，如今则是伯尔尼人气最高的啤酒酒吧。这家酒吧出售的啤酒全都是自己酿造的，而且酿造的地点就位于酒吧里，因此在这里能品尝到最新鲜甘醇的啤酒。这家酒吧啤酒的种类很多，定期会更换。除了啤酒外，酒吧还会提供很多伯尔尼的特色菜肴，有一种叫做Bernerteller的菜，是用各种火腿、熏肉、香肠等放在一起，再配上水煮马铃薯做成的，很具当地特色。

## 06 玫瑰园
**各种各样的玫瑰花** 赏

玫瑰园和伯尔尼老城区仅有一河之隔，当地人最喜欢从熊公园对面的一条小路慢慢踱步来到玫瑰园。这里地势较高，可以把整个伯尔尼老城的风光尽收眼底，也是人们取景留影的绝佳之地。不过由于玫瑰园位于老城的东边，下午会有逆光的问题，因此如果想要拍到好的照片最好是上午前往。玫瑰园里一共种植了200多种、18000株各色玫瑰。同时还有200多种鸢尾花和28种杜鹃花，每到花期，园内一片争奇斗艳，五彩缤纷，宛如仙境一般。

### TIPS
Alter Aargauerstalden 31, 3006 Bern　乘10路公交车在Rosengarten站下车　031-3313206　★★★★

## 07 伯尔尼大教堂
**全瑞士最大的教堂**

### TIPS
Reichpietschufer 60,10785 Berlin　乘地铁U2或轻轨S1、S2在Potsdamer Platz站下 ★★★★

伯尔尼大教堂是全瑞士最大的教堂，其高达100米的钟楼非常壮观。这座晚期哥特式的教堂始建于1421年，直到460多年后的1893年才正式完工，可见其工程之浩大。教堂最著名的是其大门上面精细复杂的雕饰，一共刻画了344个栩栩如生的人物，描绘了"最后的审判"场景。而教堂高大的尖塔也是另一个吸引人的地方，人们顺着344级阶梯爬到塔顶，在塔顶可以从另一个角度欣赏伯尔尼独特的城市景观。

## 08 爱因斯坦故居
爱因斯坦的居所

**TIPS**

📍 Kramgasse 49,3000 Bern  ☎ 031-3120091  🚌 从火车站乘6、7、8、9路电车或12路公交车在Clodk Tower站下车  💰 6瑞士法郎  ★★★★

很多知名的人都曾经在伯尔尼居住过，爱因斯坦就是其中名声最响亮的一位，这位历史上最伟大的物理学家曾经在伯尔尼居住了7年多的时间，而且他的长子也是出生在这里。居住在伯尔尼期间，爱因斯坦发表了数量惊人的学术论文，其中最著名的就要数"狭义相对论"了。如今在这幢看上去并不起眼的故居内还保留着爱因斯坦当时居住时的格局，墙壁上贴着他各个时期的照片，还陈列着很多学术资料。

## 09 瑞士阿尔卑斯博物馆
不登山也能欣赏阿尔卑斯美景

**TIPS**

📍 Helvetiaplatz 4,3005 Bern  🚌 乘3、5、19路公交车在Helvetiaplatz站下  ☎ 031-3500440  💰 12瑞士法郎
 ★★★★

在伯尔尼历史博物馆对面就是著名的瑞士阿尔卑斯博物馆，从外表上看并不起眼，也没有别处那样富有古典色彩的建筑，但是走进去就会发现博物馆内别有洞天。在博物馆的1楼以阿尔卑斯山的自然景观为主题，走进来就好像是乘坐着飞机来到阿尔卑斯山上空，所有山峰一览无遗。除了有逼真的山脉模型外，这里还收藏了很多阿尔卑斯山上的岩石标本和动物标本。此外，在3楼还有一个仿造阿尔卑斯山旅馆修建的房间，十分有意思。

## 10 钟楼 赏
高大雄伟的钟楼

**TIPS**

- Kramgasse
- 乘12路公交车在Zytglogge站下
- 031-3281212
- 12瑞士法郎
- ★★★★

伯尔尼钟楼早在13世纪就是伯尔尼的西大门，目前的钟楼是18世纪修建的。在钟楼上有一座独特的天文钟，设置于1218年。在钟的面盘上除了常用的时间刻度以外，还能看出季节、月份、日期、星期和月亮的盈亏等。如果人们对钟楼的内部感兴趣，可以在游客中心报名参加每天下午2点半的导游行程，人们在导游的带领下可以进入钟楼的内部，导游会向客人们介绍钟楼内大钟的机械结构和运作原理，还可以到钟楼顶端眺望城市风光，别有一番情趣。

### ★ 整点报时
吸引无数游客驻足

每到整点前几分钟的时候，在钟楼下面都会聚集无数人，他们全都目不转睛地盯着钟楼上的大钟。随着整点的接近，耳边就能听到大钟里齿轮开始快速运转的声音，这时候人们屏息凝视。大钟左方的黄金雄鸡首先打破宁静，然后国王像下面的小熊队伍开始游行，上面的小丑摇晃起铃铛，十分热闹。等到整点时分，人钟上的铜人开始敲响报时的钟声，国王也摇晃起手里的令牌。

## 11 伯尔尼历史博物馆
**全瑞士第二大历史博物馆**

### TIPS
 Helvetiaplatz 5,3005 Bern  乘3、5、19路公交车在Helvetiaplatz站下  031-3507711  18瑞士法郎
★★★★

从伯尔尼钟楼往南经过科钦菲尔德桥，就能看到宛如童话中的城堡一般的房子，这就是伯尔尼历史博物馆。伯尔尼历史博物馆是全瑞士第二大历史博物馆，展出的内容更是包罗万象。从远古时期的埃及文明和凯尔特人的遗物，到中世纪时期的武器铠甲和宗教器物，每一件展品都配有详细的说明，让人一目了然。此外，在博物馆的2楼还有一座爱因斯坦博物馆，详细介绍了爱因斯坦的生平。

### ★ 爱因斯坦博物馆
了解爱因斯坦的一生

爱因斯坦博物馆位于伯尔尼历史博物馆2楼，每个展厅以爱因斯坦一生中各个重要历史时期加以区分，从1879年他在德国乌尔姆出生、在苏黎世联邦理工大学求学、在伯尔尼居住的岁月，一直到在美国普林斯顿任教和终老。每一个展厅都通过丰富的图文资料和生动的影像，向人们展示这位伟大的物理学家的一生。此外，人们还可以通过爱因斯坦的一生，了解到19世纪末20世纪初犹太人在欧洲的生活处境，对那个年代的国际大环境有更深的了解。

## 12 保罗·克利艺术中心
**纪念20世纪初重要的画家**

保罗·克利是20世纪初最重要的画家之一,他的故乡就是伯尔尼。克利在27岁的时候离开伯尔尼前往德国定居,在那里发展出短暂而又影响深远的"蓝骑士画派"。这座艺术中心就是为了纪念这位画家而建的。中心于2005年完工,中心的建筑是一座能和克利的作品相称的精美作品。在艺术中心内陈列了4000多件保罗·克利的画作,其中有不少还是克利家族的私藏,因此十分珍贵。人们可以在这里尽情欣赏克利的作品,了解他的艺术理念。

### TIPS
🔵 Monument im Fruchtland 3,3006 Bern
☎ 031-3590101  🚌 乘12路公交车在Zentrum Paul Klee站下  💰 22瑞士法郎  🕘 9:00-18:00  ⭐★★★★

## 13 Cailler巧克力工厂
**美味的巧克力**

瑞士巧克力世界闻名,Cailler是瑞士一家有着90多年历史的老字号。通过这里的幻灯片展示,人们可以了解巧克力的制作过程。幻灯片是观光旅游音像互动的一部分,不断重复播放,追溯了该工厂自1898年默默无闻的开端一直到20世纪00年代的历史。游客还可以到商店里看一看,Cailler巧克力的所有产品在这里都有售出。

### TIPS
🔵 Maison Cailler Rue Jules Bellet 7 1636 Broc  ⭐★★★★

# SWITZERLAND GUIDE

# 畅游瑞士 ❷

*Switzerland*

# 苏黎世

苏黎世是苏黎世州首府，同时是瑞士最大的城市和全欧洲最富裕的城市之一，这座毗邻苏黎世湖的美丽城市以新鲜的空气、清澈纯净的湖泊、阿尔卑斯山脉的美景营造出缓慢悠闲的生活节奏，在世界最适宜居住的城市评选中名列前茅。

## 01 苏黎世大教堂
### 苏黎世老城区最具代表性的景观

**TIPS**
 Grossmunsterplatz,8021 Zurich ☎044-2154000 ★★★★★

苏黎世大教堂坐落在利马特河畔,两座高耸入云的尖塔十分显眼,是苏黎世老城区最具代表性的景观。传说早在9世纪,统治欧洲的查理曼大帝在这里发现了两个苏黎世圣人的墓穴,于是便兴建起了苏黎世大教堂。16世纪时,苏黎世大教堂成了宗教改革的重镇,在这里发扬光大的新教伦理促成了西方近代的资本主义精神。如今进入苏黎世大教堂,除了能看到罗马式的地窖和主祭坛外,还能看到由瑞士本地画家所描绘的彩绘玻璃窗,色彩缤纷,美轮美奂。

## 02 林登霍夫山丘
### 苏黎世老城区的中心

**TIPS**

 Linderhof ★★★★

　　林登霍夫山丘是苏黎世老城区的中心，位于班霍夫大街和利马特河之间。2000多年前罗马人曾经在这里设置关卡，地理位置十分重要。如今这座山丘则是俯瞰苏黎世老城区的最佳场所，山丘顶部是一座市民公园，和很多欧洲公园一样，在空地上设置了几面大型西洋棋盘，人们可以用巨大的棋子来一场对决，也可以在公园另一边玩上一场滚铁球游戏，十分有趣。不过，在这里静静地欣赏苏黎世老城区宛如油画一般的风景自然是人们的首选，景色实在是美极了。

## 03 苏黎世湖
清澈无比的湖泊

**TIPS**

📍 Seebad Enge: Mythenquai 9, 8038 Zurich
☎ 044-4871333  🚋 乘Tram 2、5、8、9、11 在Burkliplatz站下  ★★★★★

沿着苏黎世主干道班霍夫大街向南走到尽头，就可以看到一片碧蓝色的苏黎世湖。清澈的湖水泛着粼粼的波光，映衬着远处的阿尔卑斯山，景色实在是美极了。而且让人惊叹的是，每天来到苏黎世湖游览的游人有很多，但是湖水依然可以保持清澈，唯一的脏东西只是那些在湖里嬉戏的天鹅掉落的羽毛，这让人不禁对瑞士人的环保意识肃然起敬。当然，瑞士人不会浪费这天赐的美景，在苏黎世湖里有各种水上活动，可以让人们玩个痛快。

## ✱ Seebad Enge
天然湖水游泳池

由于苏黎世湖的水十分清澈，甚至直接饮用也无妨，于是苏黎世人就索性在湖面上用木板围出了一块范围，搭建起了天然湖水游泳池。在苏黎世湖周边一共有26个这样的游泳池，其中最有名的要数位于Seerestaurant Enge码头附近的Seebad Enge了。白天，人们可以在这里跳入湖中尽情享受清凉湖水带来的畅快感觉，而到了晚上，这里就成了苏黎世最热闹的鸡尾酒派对场所，来自世界各地的游客汇集在一起品尝各种美味的鸡尾酒。

## 04 Oepfelchammer
很有历史的怀旧餐厅

Oepfelchammer位于苏黎世老城区中心，是一家有着悠久历史的怀旧餐厅。在餐厅的对面就是瑞士19世纪著名的诗人凯勒年轻时候的居所，凯勒居住在这里的时候，他就已经是这家餐厅的常客了。餐厅内部主要分为两个部分，一边是装饰传统化的Gaststube，另一边则是十分优雅的现代化餐厅Zuri-Stubli，分别适合不同需求的客人。这家餐厅一直都秉承着服务至上的原则，为客人们提供最好的料理，从头盘、主菜到甜点等都非常讲究，是品尝瑞士菜最好的去处。

**TIPS**
Rindermarkt 12,8001 Zurich 044-2512336 乘Tram4、15在Rathaus站下 ★★★★

## 05 班霍夫大街
苏黎世首屈一指的商业大街

**TIPS**
Bahnhofstrasse ★★★★★

经常在欧洲各国购物的人，一定熟知巴黎有香榭丽舍大街，伦敦有牛津街，而苏黎世最著名的商业街就数班霍夫大街了。班霍夫是火车站的意思，在欧洲各地有数十条班霍夫大街，但是只有苏黎世的这一条才算是最著名的国际时尚大街。在这条长达1.4公里的道路上，汇集着来自世界各地的时尚品牌专营店，包括各种流行服饰、珠宝、钟表店铺以及百货公司等，人们可以任意漫步在大街上，挑选自己想要的商品。

## 看点 01 阅兵场
### 苏黎世最重要的交通枢纽

阅兵场位于班霍夫大街的中心地区,是苏黎世最重要的交通枢纽。早在18世纪时,这里还曾是一个牛市。随着时代的变化,大量瑞士银行的总部迁移到这里,从此阅兵场逐渐由地理上的交通要道发展成为瑞士的金融中心。如今这里高楼林立,很多银行在这里设立办事处,每天都能看到不少身着西装的上班族来来去去,十分繁华。

## 看点 02 Laderach
### 十分受人关注的巧克力店

在班霍夫大街有很多吸引人的商店,其中有一家Laderach品牌巧克力店十分引人关注。Laderach在瑞士众多巧克力品牌中只能算是小字辈,但是其创始人Laderach发明了可以填充内馅的巧克力,使得它在巧克力历史中占据了十分重要的位置。这家店里汇集了各式各样的Laderach产品,而且店铺以传统的工厂和商店结合在一起的方式,向客人们提供最新鲜的巧克力产品。

## 06 麦森会馆
**瑞士陶瓷的荟萃之地**

**TIPS**
- Munsterhof20,8001 Zurich 乘Tram2、6、7、8、9、11在Paradeplatz站下 01-2212807 3瑞士法郎
- ★★★★

麦森会馆位于圣母教堂对面，是瑞士陶瓷的荟萃之地。早期瑞士的瓷器都依赖进口，直到1763年，一群苏黎世人在苏黎世近郊建造了瑞士第一间窑厂，从此开始了瑞士陶瓷的制作历史。但是由于当时的市场环境和其他地区陶瓷业的兴起，苏黎世陶瓷生产在1781年宣告结束，但是却遗留下了不少精美的陶瓷制品。麦森会馆里陈列了包括碗盘、茶杯、茶壶、碟子、汤锅等在内的各种陶瓷器，造型丰富，图案细致，设计大胆，给人们留下了深刻的印象。

## 07 跳蚤市场
**人流涌动的跳蚤市场**

每到周末，去跳蚤市场逛一下已经成了欧洲人的生活习惯。苏黎世最大的跳蚤市场就位于布尔克利广场上，集市的面积很大，各种摊位的数量更是数不胜数。因此每到周末这里都是人潮涌动，如果眼力够尖，一定可以淘到心仪的宝物。此外在尼达道夫街还有另一处跳蚤市场，虽然面积比不上布尔克利广场的那个，但是风格很鲜明，同样深受人们的喜爱。

**TIPS**
- Burkliplatz 乘Tram2、5、8、9、11在Burkliplatz站下
- ★★★★

## 08 Jelmoli
**苏黎世历史最悠久的百货商店**

Jelmoli是苏黎世历史最悠久的百货商店,也是本地面积最大的名牌购物商场。Jelmoli包括地下室在内一共只有7层营业面积,比起很多世界知名的大型购物商场要小了很多。但是这里除了有来自世界各地的名品专柜外,还有很多只有在瑞士才能找到的当地品牌,这些当地品牌无论是品位还是质量都十分出色,而且价格实惠,值得一看。此外,在商场地下的葡萄酒专营店里,各种葡萄酒按照产地分门别类,其中包括不少从不外销出口的瑞士葡萄酒。

### TIPS
- Jelmoli AG Bahnho strasse 8021
- 044-2204411
- ★★★★★

## 09 圣母教堂
**纤细精致的教堂**

### TIPS
- Kambelgasse 2,8001 Zurich
- 乘Tram2、6、7、8、9、11、13在Paradeplatz站下
- 044-2214826
- ★★★★

圣母教堂隔着利马特河与苏黎世大教堂相对而立，相对于大教堂的宏伟壮观，圣母教堂更显得纤细精致。这座教堂建于9世纪。在宗教改革后，这里成了新教的据点，于是教堂褪去了华丽的外衣，只留下了朴实无华的气质。如今很多人因为教堂的独特气质而专程前来参观。在教堂背后有一座纤细而高耸的尖塔，蓝色的塔顶显得十分优雅，而教堂内无比华美的彩绘玻璃窗更是人们关注的焦点。

畅游瑞士·苏黎世

# ✱ 彩绘玻璃窗
**精美的艺术品**

很多人来圣母教堂参观,为的就是要一睹教堂内的彩绘玻璃窗。其中位于唱诗班席位后方的彩绘玻璃窗和南面袖廊的玫瑰窗更是人们争相欣赏的焦点。这些玻璃窗是当代超现实主义大师马克·夏加尔的作品,他以大胆而丰富的色彩和像诗一般的意境而让人神往。人们可以坐在教堂的座位上静静欣赏这些精美的艺术品,透过外面射进来的光线,整个教堂散发出圣洁的光辉。此外,北面袖廊上的彩绘玻璃窗也是出自名家之手,精美非凡。

## 10 瑞士国家博物馆
瑞士首屈一指的历史博物馆

### TIPS

Museumstrasse 2,8001　苏黎世中央车站出站，步行即可到达　044-2186511　10瑞士法郎　★★★★

　　瑞士国家博物馆是瑞士首屈一指的历史博物馆，博物馆本身的建筑就好像一座童话故事中的城堡一般。博物馆的馆藏范围从远古石器时代的猿人遗址，到工业革命时期的汽车模型等应有尽有，可以说这片土地上数千年的历史都融汇在这座小小的博物馆中。在博物馆的诸多展品中，中世纪时期的武器、铠甲、手工艺品等各种文物最受欢迎，而且博物馆还会不定时举办各种专题展览，是历史爱好者们绝对不能错过的。

# 11 圣彼得教堂
**苏黎世最著名的三座教堂之一**

## TIPS

 St.Peter-Hofstatt,8001　044-2112588　★★★★

圣彼得教堂和苏黎世大教堂、圣母教堂并列成为苏黎世最著名的三大教堂之一。三座教堂的高塔一起构成了这座城市最美丽的苏黎世天际线。圣彼得教堂是苏黎世最古老的教区教堂，其建造年代可以追溯到公元800年以前。在857年，当时的东法兰克王国的国王路易把这里封给了他的两个女儿。后来到了1345年，苏黎世首任市长鲁道夫·布朗获得了这座教堂，并且在15年之后下葬于教堂的唱诗席下方。如今教堂里还有着庄严神圣的氛围。

## ✱ 钟塔
**圣彼得教堂最大的标志**

钟塔是圣彼得教堂最大的标志，从苏黎世城中任何一个地方都可以清晰地看到高大的钟塔。钟塔的造型十分优雅，灰色的尖顶高耸入云，四四方方的塔身显得十分端正。在钟塔上还有一面巨大的自鸣钟，其中钟面直径达8.7米，是欧洲最大的钟面。只要在城内基本都可以看清楚钟面上的时间，因此这座钟塔就成了苏黎世最显著的地标。

## 12 玉特利山
**苏黎世的制高点**

### TIPS
 Uetliberg  乘S10在Uetliberg站下  ★★★★★

玉特利山是苏黎世最高的地方,海拔871米,也是苏黎世市民假日登高踏青的最好去处。人们可以搭乘S-Bahn的S10缆车在Uetliberg站下车,然后在林荫小道上随意步行,经过约1个小时的路程就可以来到山顶的观景台。在观景台上可以遥望苏黎世的城市风景。如果还有空闲,在抵达观景台后大可以沿着步行道继续向南,在森林中漫步。此外,人们还可以乘坐缆车上下山,从另一个角度欣赏山上的美景,别有一番风情。

### ✱ 观景台
**俯瞰整个苏黎世城的景色**

观景台位于玉特利山顶,从这里可以俯瞰整个苏黎世城的景色,包括旧城区、市区、苏黎世湖等,甚至还可以远眺阿尔卑斯山的壮观景色,视野十分辽阔。山顶观景台附近还有很多餐厅、旅馆和儿童游乐场,各条徒步路线的指示都十分详尽,即使是第一次来也不会迷路。

畅游瑞士 · 苏黎世

# 13 Kaiser's Reblaube

拥有古老建筑的餐厅

## TIPS

📍 Glockengasse 7,8001 Zurich　🚋 乘Tram6、7、11、13在Rennweg站下　📞 044-2212120　⭐★★★★

Kaiser's Reblaube位于圣彼得教堂旁，在饭店的外墙上有十分精美的壁画，吸引了很多游客的视线。这家餐厅所在的建筑可是大有来头，早在它成为餐厅前，就已经是大文豪歌德前来苏黎世拜访友人时下榻的地方。这家餐厅开业于1919年，专门提供各种欧洲料理。其中1楼是一处环境雅致的小酒馆，平时是朋友聚会的好地方，晚上则可以来小酌一番。而2楼被称作"歌德的寝室"，就是歌德当年住过的地方，供人们参观。

074

## 14 Kropf
**历史十分悠久的餐厅**

Kropf是一家历史十分悠久的餐厅,早在1444年就已经开始营业了。这家餐厅曾经更换过很多很有名气的主人,一直到19世纪方才改造成现在的样子。从此以后这里就成了苏黎世人聚会休息的主要场所之一。高挑的屋顶和室内美观的古典金色壁画都将这座有着悠久历史的建筑衬托得无比秀丽。这是苏黎世继苏黎世歌剧院后又一座具有典型19世纪风格的历史建筑。这家餐馆始终坚持为人们提供正宗的瑞士传统美食的原则,让游人们了解到瑞士真正的饮食文化。

### TIPS
In Gassen 16,8001 Zurich　乘Tram2、6、7、8、9、11、13在Paradeplatz站下　044-2211805　★★★★

畅游瑞士 / 苏黎世

## 15 市立美术馆
**展示各个历史时期的珍贵美术品**

　　市立美术馆位于苏黎世大教堂东侧不远处，在大门口竖立着一件罗丹的作品《地狱之门》，极具艺术感。美术馆内收藏了从15世纪文艺复兴时期到后现代的达达主义等诸多大师的作品，可谓是包罗万象。其中还有瑞士本地艺术家诸如阿尔贝托·贾科梅蒂、费迪南德·霍德勒等人的作品，以及爱德华·蒙克等北欧知名画家的画作。此外，包括毕加索、马蒂斯、夏加尔等现代风格大师们的画作也不少。

**TIPS**

🏠 Heimplatz 1,8001 Zurich　🚋 乘Tram3、5、8、9在Kunsthasu站下　☎ 044-2538484　💰 14瑞士法郎　⭐★★★★

# 16 拜耳钟表博物馆
各种精美无比的钟表

## TIPS
 Bahnhofstrasse 31,8001 Zurich　乘Tram3、5、8、9在Kunsthasu站下　043-3446363　5瑞士法郎　★★★★

　　瑞士的钟表举世闻名，而位于苏黎世的拜耳钟表博物馆就是展示着精美钟表的著名博物馆。博物馆的面积并不大，但是每一件收藏都令人大开眼界。馆内收藏的钟表全都是拜耳家族的私人收藏，从公元前1400年的结绳计时、日晷、沙漏、教堂大钟、老式钟表、怀表，一直到现在的原子钟等，几乎囊括了整个钟表的发展历史。除了有瑞士本地生产的各种精美钟表外，这里还有来自世界各地的其他精品，其中就包括很多中国的精美时钟，带有浓郁的东方气息，是博物馆内的一大看点。

畅游瑞士 | 苏黎世

077

# 17 苏黎世西区
**现代风格的艺术中心**

**TIPS**

 Zurich West ★★★★

苏黎世西区原本是工业区，矗立着很多大工厂，入夜以后则变得空无一人，宛如鬼城，尤其是在工业区外迁后更是一片萧瑟。但是近年来随着一些大型电影院的进驻，原本的造船工厂等也都被改造成了艺术中心，使得西区脱胎换骨，成了年轻人的时尚圣地。无数本地及外地的艺术家都会来到这里，共同将苏黎世西区打造成为21世纪新型文化和夜生活的典范。在这里分布着许多小型剧院、爵士酒吧、餐厅、游乐场等。

# 18 苏黎世动物园
来自世界各地的珍贵动物

苏黎世动物园是一座自然动物园，园内的所有动物

**TIPS**
📍Zurichbergstrasse 221,8044 Zurich 🚋乘Tram6在Zoo站下 ☎044-2542505 💰22瑞士法郎 ⭐★★★★★

都自由自在地生活在里面，并不是用铁笼将它们分隔开。动物园内按照不同的地理环境分成了安第斯山脉、喜马拉雅山脉、亚洲湿地、南美雾林和雨林等各种特色区域，饲养着当地极具特色的动植物，包括小羊驼、小熊猫、眼镜熊和绢毛猴等，一共有260多科约2000种动物。其中有很多动物都十分珍贵，像是长臂猿、大食蚁兽、黑犀牛、加拉帕戈斯大乌龟、泰国鳄鱼和长嘴硬鳞鱼等。

## ✲ 热带雨林温室
苏黎世动物园的一大看点

热带雨林温室是苏黎世动物园的一大看点，这是一个以生态保护为目的，和非洲马达加斯加国家公园合作的项目。动物园把从马达加斯加空运来的4700多株雨林树苗和动物放进温室中，自然形成了一片热带雨林。人们可以不用前往非洲就可以体验到漫步雨林的感觉，有时候狐猴会爬到温室屋顶乘凉，十分可爱，而各种热带动物也会和人不期而遇，人们也能和它们来个近距离接触。

# SWITZERLAND GUIDE

*Switzerland*

# 畅游瑞士 ③

# 苏黎世周边

在苏黎世周边，可以领略湖光山色，也可以漫步旧城区，在历史悠久的小巷、中世纪教堂、码头、公园、花园和博物馆等，体验真正的苏黎世风情。

## 01 莱茵瀑布
### 欧洲规模最大的瀑布

莱茵瀑布是全欧洲规模最大的瀑布,宽150米,落差23米,尤其是平均每秒有600立方米的水量冲向瀑布底部,那种壮观的气势只有在现场才能感受得到。尤其是夏天高山上冰雪融化时,水流更是巨大。还没走近莱茵瀑布,就能听到如雷鸣一般的巨大声响,而等到靠近了瀑布,那种飞流直下的气魄则更是让人震撼。人们可以围绕河边走上一圈,从各个不同的角度欣赏这处瀑布,每一个角度都能欣赏到不同瀑布的样貌,感受它不同的魅力。

**TIPS**

📍Rheinfall,Schaffhausen 🚌在沙夫豪森火车站(1号站台附近)乘1、9路公交车在Neuhausen Zentrum站下车 ☎052-6724811(渡船) 💰5瑞士法郎 ★★★★★

### 看点01 Schloss Laufen观景台
#### 最受人们青睐的观景台

在莱茵瀑布四周设有很多观景台,Schloss Laufen观景台就是其中最受人们青睐的一处。Schloss Laufen观景台位于瀑布的侧面,登上这处观景台可以从高处欣赏瀑布侧面的优美姿态。还可以沿着这里的木制楼梯拾级而下,来到最接近瀑布的位置。越接近瀑布,声响就越大,在这里甚至还能感受到瀑布溅起的水沫拍打在脸上,是近距离感受瀑布气势的最佳角度。

## 看点 02 | 国庆节烟花
**火树银花,令人难忘**

每年8月1日的瑞士国庆节,在莱茵瀑布都会燃放烟花进行庆祝,这是莱茵瀑布一年一度的盛大节日。一到夜幕降临的时候,漫天的烟花会将整个天幕染成五颜六色,火树银花。五彩缤纷的烟火映衬着汹涌澎湃的瀑布,那种景色会让人一辈子都难以忘怀,如果有机会一定不能错过。

## 02 | 沙夫豪森老城区
**传统风情的老城区**

沙夫豪森是沙夫豪森州的首府,是每个游览莱茵瀑布的人不能错过的地方。虽然贵为州首府,但是这里却是一个用双脚就可以游遍的小城镇。从前由于莱茵河的航运受到莱茵瀑布的影响,货物必须在沙夫豪森登岸后转运,因此成就了这座小镇成为富甲一方的贸易重镇。现在在沙夫豪森两条主要大街上密密麻麻分布着十余处工会会馆旧址,这些会馆旧址门口都有很多华丽的徽章纹饰,可以从中一窥过去的繁华。

### TIPS
- Schaffhausen Altstadt
- 沙夫豪森火车站出站步行可到
- ★★★★

| 看点 01 | 凸窗 |
|---|---|
| | 老城区最值得一看的景观 |

克尔霍夫大楼位于波茨坦广场上，是一座22层高的建筑。它的外墙完全是由红砖砌成的，显得十分古朴。竖直线条的造型体现出德国人严谨的个性，简练而不失美感。在这座大楼上拥有号称欧洲最快的电梯，游客们可以通过这座电梯直上顶层的观景台，在这里柏林郊外的风光一览无余，尤其是入夜之后，周围商厦的灯火更是为广场增添了不少亮色。

| 看点 02 | 骑士之家 |
|---|---|
| | 欣赏精美的艺术品 |

除了凸窗之外，湿壁画也是当时沙夫豪森人用来装饰自己房屋的常见方法，只是富裕的沙夫豪森人总是会不断变换自己房屋外墙上的壁画，因此这里的壁画保存得并不像别处那样好。如果要看最美的湿壁画，位于Vordergasse 65号的骑士之家是很好的选择。这幢建筑建于15世纪末，在外墙上画满了以神话和历史故事为题材的湿壁画，主要表现了当时的骑士文化。不过如今看到的壁画是在1943年重新绘制的，原有壁画收藏在博物馆中。

| 看点 03 | 弗龙瓦格广场 |
|---|---|
| | 著名的天文钟 |

弗龙瓦格广场是沙夫豪森老城区另一处引人入胜的景点，在广场南侧有一座弗龙瓦格塔，在塔的山墙上有一面打造于1564年的天文钟，这座巧夺天工的大钟正是瑞士高超的钟表工艺的真实写照。钟面上除了可以显示时间、季节、星期外，还可以计算出日食、月食、月亮盈亏、月出月落的时间、太阳在黄道十二宫的位置、春分和秋分的日子等，而且这是在450多年前就已经发展出来的技术，令人叹为观止。

| 看点 04 | 万国表总部展馆 |
|---|---|
| | 瑞士著名的钟表品牌 |

万国表总部就位于沙夫豪森的老城区内。万国表是瑞士著名的钟表品牌，历史十分悠久，出产过无数知名款式的钟表。在总部有一座展馆，里面陈列着万国表总部成立100多年来所设计出的各种手表，每一种都代表了当时钟表业最先进的水平和最时尚的品位，如果有机会可不能错过。而在展馆旁还有一座万国表的精品专卖店，如果对瑞士表情有独钟，还可以买上一块留作纪念。

## 03 荷恩克林根城堡

城市的守护塔

**TIPS**

 Burg Hohenklingen,8260 Stein am Rhein ★★★★★

荷恩克林根城堡最初由统治当地的柴林根公爵建于12世纪左右，后来城堡由于多次易主而得以不断增建。1457年，莱茵河畔施泰因的市民们合资将其买下，一方面是为了炫耀市民们拥有的强大财力，另一方面也将城堡用作防御用的瞭望塔。此后这座城堡曾多次为市民们抵挡了侵略，保卫了一方平安。到了2005年，城堡经过一系列整修后，一部分被开辟成了高级餐厅，人们在餐厅里不但可以享用美食，还能感受优雅的贵族氛围。

## 04 米诺要塞

**整体欣赏沙夫豪森老城区的市容**

### TIPS

Munotstieg 17, 8200 Schaffhausen　🚉沙夫豪森火车站出站步行可到　☎052-6254225　★★★★

如果想要整体欣赏沙夫豪森老城区的市容，前往米诺要塞是最好的选择。米诺要塞位于老城的东侧，建于1564年，是为了守护这座城市而建的重要防御设施。巨大的圆柱形主体建筑十分醒目，宽阔的内部空间足以让当时的居民躲避。穿过幽暗的掩体，通过一条当时通行马车的回旋通道就可以来到堡垒的顶部，这里视野极其开阔，可以眺望沙夫豪森市内的美妙景色。古城高低错落的古老宅邸鳞次栉比，莱茵河畔的美景和葡萄园的风光都可以一览无遗。

## 05 巴登

瑞士著名的温泉乡

### TIPS

📍Baden 🚆苏黎世火车站乘火车在Baden站下 ⭐ ★★★★

巴登是瑞士北部的一座小镇，这里不仅是苏黎世的一处新工业开发区，也是宁静的温泉度假村和文化中心。巴登温泉在全瑞士都十分著名，这里有18处硫黄温泉，泉水富含矿物质，水温达47℃，具有多种疗效，因此早在罗马时代这里就已经是人们休闲娱乐的好去处。文化名人如歌德、尼采和迪伦马特等都曾经来到这里疗养。

## 06 莱茵河畔施泰因
镶嵌在莱茵河畔的瑰丽宝石

### TIPS
- Stein am Rhein
- 施泰因火车站出站步行可到
- 052-6255141  ★★★★★

位于瑞士和德国边境上的施泰因一直都被誉为是上帝镶嵌在莱茵河畔的瑰丽宝石。虽然这座小镇并不大，但是风景优美，就好像是从油画里走出来的一样。在施泰因镇中只有一条主要街道，大多数建筑都是沿着这条街道修建的。每一幢建筑都有漂亮的凸窗和精美的湿壁画，尤其是壁画上描绘的内容大多数都是古人生活的场景，让每个人都不由得驻足细看。

### 看点 01 市政厅广场
周围有各种古老的传统建筑

市政厅广场是参观莱茵河畔施泰因的最中心位置，站在市政厅广场上，每个人都会被四周的景色所吸引。市政厅广场周围有鳞次栉比的各种古老的传统建筑，这些建筑包括市政厅在内都建于16世纪，当时正是施泰因发展最好的时期。因此每一幢建筑都拥有华丽无比的凸窗和精美鲜艳的湿壁画。壁画的内容很多都是著名的历史故事与神话传说，因此人们就用这些壁画的内容为这些楼房命名，比如"太阳"、"白鹰"、"雄鹿"等。

### 看点 02 修道院博物馆
建于11世纪

修道院博物馆位于莱茵河边的圣格奥尔根修道院内，这座修道院建于11世纪，是本笃会教派教士修行的地方。博物馆将过去本笃会修道院中的布置和生活完全展示了出来。通过各种文物向人们介绍修士们是如何进行修行和生活的。同时修道院里的布置和陈设也都很经典，在修道院的房间内可以看到屋顶上漂亮的雕刻，以及家具的木头接合工艺、拼花工艺等，是对当时的艺术、宗教、文化的完美呈现。

### 看点 03 林德乌尔姆博物馆
最能体现平民生活的博物馆

林德乌尔姆博物馆是施泰因最能体现平民生活的博物馆，这里通过原封不动的家具陈设，将19世纪中叶的中产阶级人家的生活完全展现出来。博物馆里再现了当时普通人家的设置，各种家具一应俱全，除了普通的橱柜桌椅外，还有炉灶、酒桶等，让人们能够了解过去的生活。

畅游瑞士 — 苏黎世周边

# SWITZERLAND GUIDE

*Switzerland*

畅游瑞士 ④

# 卢塞恩

卢塞恩位于瑞士中部的罗伊斯河出口与四州湖的汇合处,这里地形复杂多变,既有高耸的山地,也有数亿年前形成的冰川,一个个宛如宝玉般的湖泊点缀其间,包括皮拉图斯山、铁力士山、瑞吉山等高大的山峰围绕四周,自然风光十分优美。

## 01 卢塞恩旧城
### 美丽的传统建筑

**TIPS**

 Zentralstrasse 5  ☎ 041-2271717（游客服务中心）
★★★★

　　卢塞恩旧城区隔罗伊斯河与新城区遥相呼应，旧城在河的右岸，新城在左岸，新旧城之间现有7座桥梁相连。在旧城到处都能看到美丽的传统建筑，很多建筑外面都有极为精美的凸窗，向人们展示着卢塞恩人过去的辉煌和富足。旧城区的中心就是旧城广场了，在这片广场周围到处都是漂亮的建筑，有的建筑外墙上有很漂亮的壁画，有的则拥有繁复的雕饰。

## 02 Stadtkeller餐厅
### 欣赏瑞士传统的民谣

**TIPS**
 Sternenplatz 3,6004 Luzern  乘1、6、7、8、14、19路公交车在Schwanenplatz站下  041-4104733
★★★★

在瑞士经常可以看到各种民俗庆典活动，在活动中男男女女都会身着传统的刺绣服饰，演奏瑞士传统的民谣Jodel，但是如果不是特意关注信息，一般是看不到这些庆典的。因此在瑞士就兴起了很多民俗餐厅，专门为客人们提供这些民俗表演。其中Stadtkeller餐厅就是较为知名的一家。每天中午或晚上，客人们可以一边享用传统的瑞士美食，一边倾听演员们表演的Jodel，那悠扬的乐器和唱腔让人沉醉不已。

## 03 狮子纪念碑
**卢塞恩的象征**

**TIPS**
📍Denkmalstrasse 4, 6006 Luzern  🚌乘1、19路公交车在Lowenplatz站下  📞041-4104340  ★★★★

　　位于冰河公园旁的狮子纪念碑是卢塞恩的一个象征，纪念碑上雕刻了一只垂死狮子的形象，这象征着1792年时，为了保护法王路易十六而殉难的700多名瑞士士兵。整个石狮子是在一处天然的岩壁上凿刻而成的。狮子身上插着断矛，躺在碎裂的盾牌上，那种想要战斗却有心无力的表情栩栩如生，有一种悲壮的气势。美国著名小说家马克·吐温就被这座纪念碑深深地吸引了，赞颂它是"世界上最动人心弦的一座石碑"。

## 04 冰河公园
**大规模的冰河遗迹**

冰河公园所在的冰河遗址事实上是在一个很偶然的情况下被发现的。1872年时，公园的创始人原本不过是想建造一座酒窖，结果在整地的时候发现了大片的冰河遗迹，后来经过研究，发现这些冰河都是形成于2万多年前。次年这座公园成立，向人们展示冰河景观的壮丽雄伟。在大片的冰河遗迹中，最引人注目的当属直径8米，深达9.5米的巨大冰壶，这些冰壶都是由冰河底部的水流转动砾石而形成的。

### TIPS
Denkmalstrasse 4,6006 Luzern　041-4104340　9瑞士法郎　★★★★★

# ✱ 冰河博物馆
### 介绍这片冰河的历史

除了有冰河遗迹外，公园里还专门设有冰河博物馆，主要向人们介绍这片冰河是如何形成的，还陈列了卢塞恩2万多年来的地理历史资料，让人们可以直接了解到这片区域的地形是如何变化的，感受到大自然沧海桑田的变迁。同时在博物馆里还陈列着不少从冰河遗迹中发掘出来的动植物标本和各种岩石标本，这些标本将卢塞恩各个时期不同的地质地貌完全展现出来，极具考古价值。

## 05 布尔巴基全景馆
### 精美的全景画

**TIPS**

🏠 Denkmalstrasse 4,6006 Luzern　🚌 乘1、19路公交车在Lowenplatz站下　☎ 041-4123030　💰 8瑞士法郎　 ★★★★

全景画在电影发明之前是欧洲人民重要的视觉娱乐手段之一。全景画一般分好几种，有利用投影幕布的，有利用立体镜片的。但是像卢塞恩布尔巴基全景馆这样的大型全景画，放眼世界也极为罕见。全景馆内的全景画建于1881年，描述了1871年普法战争结束后，法军指挥官布尔巴基将军率领8万多残兵穿越瑞士边境并寻求保护的场景。画面中每一个人物都栩栩如生，无论是装备还是动作都十分细致，还有背景配音。

## 06 穆塞格城墙
### 卢塞恩的老城墙

**TIPS**

🏠 Museggstraβe, Schirmtorweg, 6004 Lucerne　🚌 乘1、19路公交车在Lowenplatz站下　041-2271717　⭐★★★★

穆塞格城墙位于卢塞恩旧城区周围，这片城墙大约建于14世纪末，历经数百年的物是人非，如今只剩下了老城区北侧的一部分。所幸的是这段城墙保存得很好，城墙上至今依然留有9座造型特殊的塔楼，其中有几座会在夏天开放给游客们参观。登上这些高塔的塔顶，整个卢塞恩旧城区的全景就出现在人们面前，包括耶稣会教堂等地标建筑清晰可见。其中一座塔上有一个建于500年前的钟，这座钟比瑞士其他地方的钟要晚1分钟，这在以走时精准的瑞士钟表里是极为罕见的，但因为是瑞士最古老的钟，故而享受此"特权"。

畅游瑞士：卢塞恩

095

## 07 卢塞恩文化和艺术中心

卢塞恩的新地标

### TIPS

📍Europaplatz 1，6005 Luzern  🚶卢塞恩中央车站出站步行可到  ☎041-2267070  ★★★★

卢塞恩文化和艺术中心于1998年正式启用，堪称是卢塞恩的新地标。这座建筑是由来自法国的建筑大师让·努维尔亲自操刀设计。建筑外部突出的巨大屋檐特别抢眼，让人印象深刻。文化和艺术中心内有音乐厅、国际会议厅、艺术博物馆、美食餐厅和景观酒吧等。尤其是拥有1840个座位的音乐厅是艺术中心的核心所在，先进的设备堪称世界第一，每年夏天的卢塞恩音乐节都在这里举办。

## 卢塞恩音乐节

**卢塞恩一年中最盛大的节日**

卢塞恩音乐节是卢塞恩一年中最盛大的节日。2009年,瑞士政府把这个音乐节的名字改为卢塞恩音乐节。卢塞恩音乐节1938年由指挥巨匠托斯卡尼尼创立,至今已有70余年的历史。和奥地利萨尔茨堡音乐节、德国拜罗伊特音乐节、英国格林德伯恩歌剧节等一流音乐节一样,卢塞恩音乐节是世界古典乐迷们一年一度特别关注的音乐盛会。节日期间,卢塞恩的文化艺术中心会上演多场古典音乐演奏会,是乐迷们绝对不能错过的盛事。

## 08 宝齐莱

出售各种瑞士钟表的商店

买

**TIPS**
- Schwanenplatz 5,6004 Luzern
- 041-3697700 ★★★★

宝齐莱本店是一家出售各种瑞士钟表的商店，但是像它这样被全世界的游客当作旅游景点来参观的，放眼世界也是屈指可数。相信喜欢钟表的人对宝齐莱这个品牌肯定不陌生，在世界钟表珠宝专卖店中，宝齐莱可以算是行业的领头羊。目前在全瑞士已经开有14家分店了，最大的店铺要数位于卢塞恩的这家店。在这里可以看到劳力士、万国、伯爵、爱彼、帝舵、浪琴、雷达等世界名表。

## ✱ Aion

世界上最大的钢珠钟

在宝齐莱本店的电动扶梯旁，隐藏着店里最重要的一处景点，世界上最大的钢珠钟Aion。这座大钟高达4层楼，几乎占据了整个店的一面墙。当然人们是不可能一眼就完整地欣赏到它的全貌的，只能一层层地分段看到它的一部分。而且在店的三、四楼还能看到钢珠钟的运作和钢珠的运行，十分有趣。

## 09 霍夫教堂
卢塞恩最重要的教堂

**TIPS**
Kapuzinerweg 6006 Luzern 乘1、6、7、8、14、19路公交车在Luzernerhof站下 ★★★★

霍夫教堂是卢塞恩最重要的教堂，也是瑞士最具代表性的文艺复兴风格的教堂。教堂的外观非常特别，在教堂两侧有两座几乎一模一样的灰色尖塔，是典型的哥特式风格建筑。但是两座尖塔中间的教堂却是装饰十分繁复的白色文艺复兴式风格。这种风格的混杂是由于教堂在1633年遭受了一次大火，只剩下了两座哥特式的尖塔，后来人们又重新建起了文艺复兴风格的教堂，于是变成了现在的样子。教堂内有十分精致的祭坛，生动地刻画了很多圣经故事，极具艺术感。

## 10 罗森加特收藏馆
**罗森加特家族的私人收藏汇集地**

**TIPS**
📍Pilatursstrasse 10,6003 Luzern　🚇卢塞恩中央车站出站后步行可到　☎041-2201660　💰18瑞士法郎　★★★★

罗森加特收藏馆是罗森加特家族的私人收藏汇集地，馆长安杰拉·罗森加特和他的父亲老罗森加特都是瑞士著名的艺术品收藏家和经销商。这个家族和毕加索还有很深的友谊。因此在收藏馆里也保存了不少这位立体派巨匠的作品。此外这里很多毕加索的画作是从卢塞恩旧城区的毕加索纪念馆中转移过来的，因此使得收藏的内容更加丰富多彩。除了毕加索的画作外，这里还有克利、马蒂斯、夏加尔，以及很多法国印象派大师的杰作。

## 11 瑞士交通博物馆
**欧洲规模最大的交通博物馆**

**TIPS**
📍Lidostrasse 5,6006 Luzern　🚌乘6、8路公交车在Lidowiir Zenbach站下　☎041-3704444　💰24瑞士法郎　★★★★

瑞士交通博物馆开设于1959年，占地达4万多平方米，是欧洲规模最大的交通博物馆之一，馆内所收藏的交通工具数量也是欧洲第一。在这里游客们可以看到各个历史时期主要的交通工具，包括古老的蒸汽火车、传统的马车、近代的缆车、现代的飞机、船，甚至前往太空的航天飞机等。每一件展品都像是在述说一个故事一般。如果是热爱铁路的铁道迷的话，更不能错过博物馆内超大型的火车展示场，这里展示了各个年代的、各种型号的列车，让人叹为观止。

## 12 耶稣会教堂
**瑞士第一座大型巴洛克风格宗教建筑**

🏠 Zentralstrasse 5，6002 Luzen　🚶 卢塞恩中央车站出站后步行可到　☎ 041-2271717　★★★★

耶稣会教堂位于罗伊斯河畔，和卢塞恩市政厅隔河相望。这座教堂始建于1666年，是瑞士第一座大型巴洛克式风格的宗教建筑。这座教堂左右两座洋葱型的尖顶是其最大的特色。而教堂内部更是华丽无比，洁白的墙身上描绘着各种精美的壁画。粉红色的廊柱、红色的大理石主祭坛，使得整个教堂的色彩十分丰富。拱顶上的壁画最为人所关注，描绘的是天堂之门打开的景象，十分神圣庄严。

## 13 史普劳尔桥
**卢塞恩防御体系中的重要一部分**

🏠 Spreuerbrücke, Luzern　☎ 041-2271717　★★★★

史普劳尔桥是卢塞恩防御体系中的重要部分，建于1408年。在德语中，史普劳尔是"麦糠"的意思，因为在过去，卢塞恩人经常在这座桥上向河里倾倒麦糠，故而得名。这座桥最出名的地方是桥内顶部的三角横梁木板，和城里的另一座卡贝尔木桥一样，这些木板上描绘了67幅绘画，大多出自1626—1635年。题材则是当时很常见的对黑死病的描绘。

## 14 卢塞恩湖
壮美的湖光山色

**TIPS**
- 于卢塞恩游船码头乘游轮可到
- 041-3676767
- ★★★★

自古以来，卢塞恩湖就以其优美的景色而远近闻名。无数人曾经慕名而来，被这里的漂亮风景所震撼，从此就爱上了这里。如今游览卢塞恩湖的最好办法就是登上游船，到湖的怀抱中去游览一番。目前在卢塞恩湖区运营的游船主要有午餐游船、日落游船等。其中午餐游船全年都有，每天中午12点准时从卢塞恩湖1号码头出发，人们可以一边享用丰盛的午餐，一边欣赏美妙的湖景。而日落游船只在每年5—9月行驶，每天夕阳西下之时，可以在湖中欣赏这一美丽的景色。

## 看点 01 卡贝尔木桥

**经常被摄入照片中的瑞士建筑**

卡贝尔木桥毫无疑问是经常被摄入照片中的瑞士建筑。卡贝尔木桥是欧洲目前最古老的桥,建于14世纪初,桥顶内架着120多根横梁,每一根横梁上都有一片山形木板,木板上描绘有很多有关卢塞恩的历史故事和城市守护圣人的图画,不过这些绘画在1993年的一次意外火灾中被焚毁了一部分,其中颜色比较老旧的便是17世纪的原作,而颜色比较新的则是后世仿制的作品。

畅游瑞士 卢塞恩

### 看点 02 水塔
**历史悠久的建筑**

水塔位于卡贝尔木桥旁，是一座八角形的建筑。水塔建于1300年，历史十分悠久。整个塔高34米，顶是红色的，塔身为灰色，十分简朴。历史上这里曾经先后被用作城邦库房、文献室、牢房等。不过在1993年的火灾中，水塔幸免于难，如今依然完好地坐落在卡贝尔桥旁。

---

## 15 铁力士山
**雄浑壮美的大山**

**TIPS**
- Mt.Titlis
- 于卢塞恩乘火车在Engelberg换乘登山缆车可到
- 041-6395050
- 82瑞士法郎 ★★★★★

铁力士山正如其名，充满了力量。每一个人来到铁力士山，都会被它雄浑的气魄和壮美的风景所震撼。这里有白雪覆盖的巍峨山峰，和天空中透出的一丝淡蓝色相映衬。远处层峦叠嶂，无边无际，让人们感觉自己宛如苍鹰一般，在这些山峰之间盘旋。一般从铁力士山脚下到山顶乘坐缆车只需要45分钟，沿途总共更换3种不同的缆车。但当你登上山顶极目四望，就会欣赏到宛如天堂一般的景色。

### 看点 01 铁力士冰川站
**位于海拔3020米处**

旋转缆车的终点站就是位于海拔3020米处的铁力士冰川站。从这里放眼四望，可以说是"一览众山小"，四周一望无际的银色山峰就在眼前。站里也有一处可以饱览这壮丽风光的观景台。这里餐厅、店铺、电影播放室等设施一应俱全，还有一家让游客穿着瑞士传统服装拍照留念的照相馆。不过最令游客们神往的，还要数1楼的冰洞，这些人工凿开出来的洞穴深达150米，里面都是万年寒冰，透出阵阵寒气，让人有很虚幻的感觉。

## 看点 02 铁力士山登山缆车
### 360度欣赏铁力士山的美景

想要乘缆车登上铁力士山顶，需要从山下的恩格尔贝格搭乘3种不同的缆车上山。第一段缆车是6个人乘坐的小缆车，从海拔1050米的恩格尔贝格出发，经过格斯尼阿尔坡来到海拔1796米的特吕布湖。然后在这里换乘可以容纳80人的大缆车，直达海拔2428米的史坦德。最后从史坦德乘坐最后一段缆车直上山顶。最后一段缆车极具特色，是世界上首创的360度旋转缆车，在缆车底部有一个大转盘，每5分钟可以转一圈，人们不需移动位置就可以360度欣赏铁力士山的美景。

## 看点 03 冰河公园
### 享受冰雪世界

很多人来到铁力士山，都是为了享受这里的冰雪天地，进行滑雪等运动的。而位于山顶的冰河公园，会给人们提供一个和冰雪近距离接触的机会。进入冰河公园后，首先要玩的就是长得很像小型圆形橡皮艇的欢乐滑雪圈，人们只需排队到出发点，坐上滑雪圈，等工作人员放开拉绳，就可以感受到在雪地里一路滑行的刺激感。而在滑雪圈的旁边，是一条又长又宽的大雪坡，有8种雪上玩具可以让人从这道雪坡上俯冲而下，刺激无比。

## 16 皮拉图斯山
**瑞士最具神秘色彩的山峰**

在瑞士诸多山峰中，皮拉图斯山是最具神秘色彩的一座。早在数百年前，这里曾经是卢塞恩法律规定中的"禁山"，流传着很多传奇故事。皮拉图斯山的名字来自于将耶稣钉死的罗马总督皮拉图斯，传说他的尸体被人抛弃到这座山中，他的灵魂还会出来作祟。直到1585年，一群勇敢的人攻破了这一谣言，从此皮拉图斯山就成为人们喜爱的登山胜地。如今的皮拉图斯山美丽依旧，四周十分空旷，视野极佳。

### TIPS

Mt.Pilatus　卢塞恩乘船在阿尔卑纳赫施塔德换乘皮拉图斯山铁道登山列车　★★★★★

### 看点 01　龙道
**深受人们欢迎**

在皮拉图斯山顶诸多步行道中，有一条被称作龙道的岩洞隧道最受人们欢迎。这条步行道是在岩壁里开凿出来的，全长约500米，可以从一个个洞眼里往外欣赏皮拉图斯山的景色。在隧道内的岩壁上还挂着很多和龙有关的艺术作品。皮拉图斯山的龙的传说由来已久，在很长时间内，人们一直认为有龙住在山上，留下了很多有趣的故事。不过在龙道里可看不到真正的龙，只有十分壮美的风景，会让人沉醉。

## 看点 02 皮拉图斯山铁道
### 超过百年的历史

皮拉图斯山铁道通车于1889年,至今已经有超过百年的历史。这条齿轮铁道以其最大达48度的仰角而闻名于世,是全世界最陡峭的登山铁道。因此要克服这么大的高低差,铁道沿途的月台和列车本身也很具特色,沿线的每一个月台都设计成为阶梯状,让人们没有倾斜感。乘坐皮拉图斯山铁道上山可以欣赏到沿途多变的景色,随着海拔的不断提高,山上的植被在不断变化,可以看到森林、草原、岩石等多种风景。

畅游瑞士 卢塞恩

## 看点 03 皮拉图斯山顶
**可以欣赏到壮丽的阿尔卑斯群峰**

　　皮拉图斯山顶就是一片宽阔的平台，如果是晴天来到这里，可以欣赏到阿尔卑斯群峰那白雪皑皑的壮丽景色。山顶上有5条步行道，每一条都提供给游客不同的视野和风景。如果想拥有360度全方位的视野，可以沿着步行道登上主峰观景台，在这里可以俯瞰周边的壮美景色。如果时间充裕，更可以来到皮拉图斯山海拔最高的特吕姆斯峰。如果夏天来到这里，沿途可以发现不少只有在皮拉图斯山才能看到的鲜花，花色鲜艳，五彩缤纷，十分漂亮。

## 看点 04 弗莱克穆恩特格
**体验瑞士最长的滑道车轨道**

在皮拉图斯山上不光有让人们悠然自得的步行道，还有能让人感受大山的惊险刺激的活动。人们可以从山顶乘坐缆车来到弗莱克穆恩特格，这里有一条夏日大滑道，是瑞士最长的滑道车轨道，长达1350米。这种滑道车是利用身体重心来转弯，速度飞快，但十分安全，即使是初学者也可以轻松掌握。除了有滑道车外，这里还有一处绳索公园，规模也是瑞士最大。公园里布满了绳索，人们可以在绳索上攀爬飞荡，十分有趣。

# SWITZERLAND GUIDE

*Switzerland*

## 畅游瑞士 ❺

# 日内瓦

日内瓦地处日内瓦湖和罗纳河的交界处，城市面积仅15.89平方公里，西部大部分和法国接壤。城市四周分别被阿尔卑斯山山脉、侏罗山山脉和日内瓦湖等包围。罗纳河和阿尔沃河流过市区。

## 01 日内瓦市政厅

欧洲传统建筑

**TIPS**

📍 56 rue de Moillebeau CH-1209 Genève
📞 022-9197070　★★★★

　　日内瓦市政厅是日内瓦市政府的办公所在地，是一幢欧洲传统建筑。在市政厅前有一道斜坡，这是为了让过去的信差可以方便骑马进入市政厅。在市政厅内分了很多小厅，其中阿拉巴马厅最为著名。1872年，"阿拉巴马号索赔案"就是在这里进行仲裁的，它开启了国际和平仲裁的先河。此外，《日内瓦公约》也是在这里签署的，而这里召开过很多和红十字会成立有关的会议，因此有着极为重要的历史意义。

## ★ 军械厅

17世纪的建筑

　　军械厅就位于市政厅对面，是一幢17世纪的建筑，如今已经作为一座档案馆使用。在1楼的开放空间中，放置有5门加农炮，构成一个炮阵，这是从前担负着守卫城市重任的大炮，如今已经成为缅怀历史的地方。在军械厅的墙壁上有3幅拼贴于1949年的马赛克壁画，描绘了日内瓦的3个重要历史瞬间，左边那幅是凯撒征服日内瓦的景象，中间那幅则描述了中世纪这里商业繁荣的景象，右边那幅是宗教改革期间，日内瓦打开城门让难民进入的场景。

## 02 L'Hotel de Ville 吃
日内瓦的特色美食

**TIPS**
📍 Grand-Rue 39,1204 Genève  ☎ 022-3117030
★★★★

　　日内瓦在文化渊源上和法国十分相近，因此在饮食文化上也和法国人一般挑剔。日内瓦由于临近大湖，因此各种新鲜的淡水鱼就成了当地十分著名的特色菜肴。如果想要吃到最正宗的日内瓦美食，去L'Hotel de Ville是最好的选择。这家餐厅和市政厅名字相同，数百年来一直都是政府官员们中午休息聚餐的地方，因此餐厅食物的口味自不必说。在这里还可以吃到很多从日内瓦湖中打上来的鲜鱼，口感鲜嫩，滋味怡人，让人回味无穷。

## 03 卢梭纪念馆 赏
纪念日内瓦最著名的公民

**TIPS**
📍 Grand-Rue40,1204 Genève
☎ 022-3101028  ★★★★

　　著名的哲学家、思想家、政治家、音乐家、作家、教育家雅克·卢梭就是出生在日内瓦。他生于1712年6月28日，他的出生地如今已经被改造成为纪念馆，纪念这位日内瓦最著名的公民。卢梭纪念馆看上去十分简单，外观上并没有什么特别之处，但是内部的陈列却十分丰富。通过25分钟的语音导游，游客们可以在纪念馆内了解卢梭的一生，看到他很多的著作，了解他的思想，对这位启蒙先驱有更深的了解。

## 04 塔沃馆
贵族的私人宅邸

**TIPS**

Rue du Puits-saint-Pierre 6,1204 Genève
022-4183700 ★★★★

塔沃馆是一座古老的贵族私人宅邸，建于1334年的日内瓦大火之后，历史十分悠久。数百年来这里数易其主，1963年被日内瓦市政府收购。如今，塔沃馆已经成为日内瓦的市立博物馆，展示了日内瓦数个世纪以来的历史记忆。这些展品包括武器、家具陈设、餐具炉灶，甚至还有一座当时曾经使用过的断头台。这些展品都是按照时间顺序摆放的，让人一眼就能清晰地看出这座城市发展的脉络，让人们有很多惊喜的发现。

## 05 宗教改革纪念碑
纪念宗教改革

**TIPS**

Promenade des Bastions 1, 1204 Genève
022-9097000 ★★★★

16世纪时，罗马教会日益腐败，宗教改革家马丁·路德率先向教会和权威发难，紧接着苏黎世的茨温利也将宗教改革之火引入了瑞士。在瑞士有一名宗教改革思想的集大成者加尔文，后来创立了著名的加尔文派，将日内瓦变成了"新教的罗马"，其思想和著作不光对后世的宗教有很大影响，而且对社会形态也有不可磨灭的影响。日内瓦市内的宗教改革纪念碑就是为了纪念加尔文诞辰400周年而建，碑上雕刻了加尔文、伯撒等宗教改革家的浮雕，极具历史和艺术感。

## 06 宗教改革博物馆
日内瓦宣布进行宗教改革的地方

宗教改革博物馆开放于2005年4月，就位于圣皮埃尔大教堂的回廊边。这里正好是1536年5月21日日内瓦宣布进行宗教改革的地方，因此意义十分重大。博物馆向人们展示了很多宗教改革时期的文物，比如很多歌颂新教的绘画、为了打破神职人员的权威而被翻译成白话文的圣经、表现当时新旧教之间相互争论的漫画，以及宗教改革先驱加尔文的生平事迹和遗物等。在博物馆的地下，还有一条可以通往圣皮埃尔大教堂遗迹的通道。

**TIPS**
Rue du Cloitre 4,1204 Genève  022-3102431
10瑞士法郎 ★★★★★

## 07 圣皮埃尔大教堂
日内瓦旧城区最显眼的建筑

圣皮埃尔大教堂是日内瓦旧城区最显眼的建筑，如果想前往旧城区的中心，不管在什么方位，只要朝着大教堂那高耸的尖塔走过去，就一定可以到达所想去的目的地。圣皮埃尔大教堂建于1160年，建筑本身融合了不同的建筑式样，其中拱门是哥特式风格，正门柱廊则是希腊罗马式的，大厅内也能依稀看出罗马万神殿的风格。前不久在教堂下方又挖掘出了一大片4世纪时候的考古遗迹，更为教堂增添了不少历史价值。

**TIPS**
Cours Saint-Pierre 6,1204 Genève  022-3117575
16瑞士法郎 ★★★★★

### 看点 01 登城节
**日内瓦特有的节日**

登城节是日内瓦特有的节日，主要是为了纪念1602年12月12日日内瓦人民击败入侵的萨伏伊公爵的军队，维持了当时还是共和国的日内瓦的独立。虽然节日是在12月12日，但是庆祝活动一般都会在节日前的一个周末就开始了。节日期间，人们会在圣皮埃尔大教堂门前的广场点燃篝火，从前日内瓦共和国的国歌会同时响起。在老城区内，人们还会穿着传统的服饰游行，场面十分壮观。

### 看点 02 双塔
**教堂最明显的标志**

双塔是圣皮埃尔教堂最明显的标志，也是很多人来到大教堂参观的主要目标。整座双塔内部一共有157层阶梯，想要靠双脚爬上去可要有一定体力才行。但是只有爬到双塔的顶层，才能遥望整个日内瓦老城区的美丽风光。一眼就能看到漂亮的日内瓦大喷泉、日内瓦湖的壮美景色，视野绝佳。只有站在这里才能将登塔的疲劳一扫而光，感觉之前付出的汗水都是值得的。

### 08 Armures 赏
**日内瓦最小的五星级饭店**

Armures是日内瓦最小的五星级饭店，饭店里仅有28个房间，但是设施和服务却是一流的。饭店的1楼和地下室有同名的餐厅，号称是日内瓦历史最悠久的餐厅。这家餐厅始创于17世纪，至今已经有400多年历史，这么多年来，一直保持着中世纪时期的古老风味，让人印象深刻。餐厅的布置很具中世纪风情，可以看到一套威武的铠甲矗立在餐厅门前。餐厅提供很多瑞士古老的菜肴，大多数都是在别处吃不到的。

**TIPS**

🏠 Rue Puits-Saint-Pierre 1,1204 Genève
☎ 022-3103442 ★★★★

## 09 特椰林荫大道
休闲放松的好去处 赏

**TIPS**

Rue de la Croix-Rouge, 1204 Genève ★★★★

特椰林荫大道位于日内瓦一条中世纪时期的城墙上，城墙高5米，使得这条大道也有了得天独厚的居高临下的视野。在大道旁有一张长达126米的长板凳，是世界上最长的板凳。人们可以坐在这条板凳上，头上是浓密的绿荫，脚下是日内瓦的城市风光，别提有多悠闲自在了。在特椰林荫大道的起点处还竖立着一座塑像，这是1815年代表瑞士参加维也纳会议的皮克泰·德·罗许蒙，正是他在会议上确定了瑞士永久中立国的地位，对于瑞士的国际地位和政治有很大的影响。

畅游瑞士 · 日内瓦

## 10 罗纳河大街
日内瓦钟表的星光大道

**TIPS**

 Rue du Rhone ★★★★

日内瓦是瑞士首屈一指的钟表之城，知名的钟表品牌百达翡丽就是从日内瓦起家的。日内瓦最著名的钟表购物街是罗纳河大街，这条大街堪称日内瓦钟表的星光大道。罗纳河大街上汇集了几乎所有闻名世界的钟表品牌，包括百达翡丽、萧邦、欧米茄、古柏林等世界名表品牌。除此之外，世界珠宝奢侈品分店尽在于此，LV、Fendi等世界知名品牌令这里珠光宝气，让人眼花缭乱。

## 11 柏德弗广场
日内瓦市内最为古老的广场之一

**TIPS**

 Place du Bourg-de-Four 13, 1204 Genève 022-9097300 ★★★★

柏德弗广场是日内瓦市内最为古老的广场之一，据说是建造在古罗马交易广场的遗址之上。自中世纪以来，这里就是相当热闹。广场四周的建筑物每一层的新旧差别很大，尤其在色彩方面一眼就能看出差别来，这是由于宗教改革的结果。18世纪时，广场上还建造了一座小巧可爱的喷泉，因此获誉"最美丽的广场"。如今柏德弗广场上有很多美食餐厅和露天咖啡座，成为青年男女们约会的好地方，在这里还能看到街头艺人们卖力的表演。

## 12 英国花园
### 日内瓦人最喜爱的城市公园　　　　　　　　　　　　　　　　　　　　赏

**TIPS**
日内瓦湖旁　★★★★

英国花园位于日内瓦湖畔，是日内瓦人最喜爱的城市公园之一。公园始建于1854年，1862年兴建勃朗峰桥时加以改建，形成目前的规模，整个公园占地25430平方米。英国花园是居斯塔夫·阿多尔滨湖路的起点，在英国花园内有建于1869年的国家纪念碑和巨大的花钟，以及一些喷泉和雕塑，很具艺术感。人们十分喜欢在花园中的林荫道上散步，或是躺在绿草如茵的大草坪上，望着远处大喷泉扬起的一片片水雾，感觉十分惬意和轻松。

畅游瑞士　日内瓦

# 大花钟

花钟建于1955年

大花钟是英国花园里最受人们关注的焦点，瑞士作为世界钟表之都，到底哪一个钟表最受当地人的喜爱呢？答案就在英国花园之中。在花园里有一座直径达5米的巨大花钟，这面花钟建于1955年，目的就是向瑞士的钟表行业致敬。整个花钟的钟面是用6500多束花排列而成，而且随着花期的变化，钟面也会呈现出不同的亮丽色彩，十分赏心悦目。因此每天都会有很多来自世界各地的人在大钟前合影留念，当地人提到这座大花钟也是十分骄傲。

## 13 时间之城
结合了多种功能的复合式空间

### TIPS
 Pont de la Machine,1204 Genève ○★★★★

时间之城是隶属于Swatch集团旗下，结合了餐厅、咖啡馆、艺廊及展示厅等多种设施的复合式空间。在时间之城里到处都是和时间、钟表有关的陈列，特别是2楼有一座Swatch展示馆，专门展示Swatch品牌的钟表等物品，是人们争相欣赏的主要目标。如果逛累了，还可以在时间之城内的各个咖啡店、酒吧等地方休息，放松一下自己的身心。

### ★ Swatch展示馆
展示各种款式的手表

　　Swatch展示馆位于时间之城的2楼，主要展示Swatch品牌各种款式的手表。Swatch也是瑞士十分知名的钟表品牌，是瑞士低端钟表市场的开路先锋。Swatch通过自动生产线的组装流程，大大压缩了钟表制作的成本，推出了不少有瑞士制作质量但是价格却十分低廉的钟表。如今Swatch还和一些知名艺术家合作，推出了各种式样的手表，是很多人彰显个性的象征，开启了瑞士钟表历史的另一页。在展示馆内，各种手表一字排开，个性十足，让人爱不释手。

## 14 百达翡丽钟表博物馆
**百达翡丽品牌的钟表**

### TIPS
Rue des Vieux-Grenadiers 7, 1205 Genève　乘Tram 12、13、15在Rond-Point de Plainpalais站下　022-8070910　10瑞士法郎　★★★★★

　　百达翡丽钟表博物馆在瑞士各大钟表博物馆中占据了十分重要的地位，在这座博物馆里，除了高达4层楼的展示空间和多达数千件的惊人馆藏外，更吸引人的应该就是"百达翡丽"这个品牌，它是世界钟表界王者的象征。在博物馆的1楼展示了很多从前瑞士制表匠打磨零件和进行组装的照片，还有一座当时使用的工作台，可以让人们亲眼一见瑞士钟表的制作过程。而2楼则是丰富多彩的百达翡丽名表收藏，各种型号和造型的表让每一个人都眼花缭乱，叹为观止。

## 15 联合国欧洲总部

联合国位于欧洲的中心

**TIPS**
🏠 Avenue de la Paix 14,1211 Genève 🚌 乘518路公交车即可 ☎ 022-9174896 💰 10瑞士法郎 ★★★★★

联合国欧洲总部也称万国宫，始建于1946年。日内瓦是很多国际组织的落脚处，包括国际劳工组织、国际红十字会、世界卫生组织等，其中联合国欧洲总部是最重要的一个。万国宫内空间广阔，所有建筑物和绿地加起来完全可以和法国的凡尔赛宫相提并论。里面不仅有联合国开会用的会场，还有图书馆、美术馆和公园等。游客们可以在导游的带领下参观联合国代表们开会时的场地，可以看到很多联合国制定的公约，或是买一份"和平通行证"，表达对世界和平的祝愿。

## 16 亚莉安娜博物馆
**欧洲最重要的陶瓷博物馆**　　赏

**TIPS**
🏠 Avenue de la Paix 17,1202 Genève　🚌 乘8、28路公交车在Appia站下　☎ 022-7489525　💰 10瑞士法郎
⭐⭐⭐⭐

亚莉安娜博物馆是整个欧洲最重要的陶瓷博物馆，博物馆内的陶瓷器具涵盖了7个世纪，超过2万件藏品，范围遍布欧洲及远东地区。而更让人惊奇的是，这些从前居然都是个人的收藏。这些藏品原本属于19世纪最有名的收藏家之一——古斯塔夫·莱维罗，这座博物馆的建筑也是他修建的。他去世后，这些收藏连同建筑本身都捐给了瑞士政府。如今的亚莉安娜博物馆内有来自世界各地的瓷器，既有欧洲人仿制的中国青花瓷，也有中国匠人们为了外销而仿欧洲陶瓷风格而烧制的瓷器，让人大开眼界。

## 17 国际红十字会博物馆
了解国际红十字会的历史

**TIPS**
 Avenue de la Paix 17,1202 Genève ●乘8、28路公交车在Appia站下 ●022-7489525 ●10瑞士法郎
★★★★

在国际红十字会博物馆前,最醒目的就是那一群被蒙着眼睛而且双手反绑的战俘雕像群,这是在提醒人们,国际上依然还充斥着各种残害人权的现象,让人们对和平更加渴望。在博物馆里展出了很多和国际红十字会成立历史有关的物品。其展示的方式充满了趣味性和互动性,以各种声光效果和艺术的方式向人们介绍战争与人道救援等严肃性主题,让人们领悟和平的重要意义,称得上是瑞士最有意义的博物馆之一。

## 18 卡鲁日镇 逛
位于日内瓦郊区的幽静小镇

**TIPS**
 Carouge ★★★★

卡鲁日是一座位于日内瓦郊区的幽静小镇,以拥有众多小咖啡馆和手工艺精品店而闻名。这座小镇至今已经有1700多年的历史了,居民多为18世纪来自法国南部和意大利的移民后裔,街道巷弄里散发着独特的传统气质和人文气息,成为日内瓦人休闲放松的好去处。卡鲁日的诸多手工艺精品店都标榜是完全手工制造,店主本身就是设计师,而且卖场和工作室相连,让人一下子就能感受到浓郁的个性特色,因此很多游客都会买上几件作为纪念。

# SWITZERLAND GUIDE

*Switzerland*

**畅游瑞士 ❻**

# 日内瓦湖区

日内瓦一年四季气候温和宜人,不管什么时候来都能看到十分震撼的自然景色。冬季平均温度为10℃,夏季平均温度为23℃。其中最冷的月份是1月,最热的月份是7月。10月到次年2月多雾,出行需注意。

# 01 日内瓦湖
西欧最大的湖泊

**TIPS**

 Lac Leman　日内瓦英国花园乘游船可游览日内瓦湖
021-6137373(洛桑游客服务中心)　★★★★★

日内瓦湖是西欧最大的湖泊，位于法国和瑞士的交界处。在湖泊北岸有一系列宛如珍珠一般的美丽小镇，构成了日内瓦引以为傲的日内瓦湖区。日内瓦湖是罗纳冰川形成的，湖身为弓形，湖面波平如镜，终年不冻，而且湖水清澈湛蓝，十分美丽。站在湖边可以看到白雪皑皑的勃朗峰，景色十分优美。整个湖以勃朗峰桥为中心，沿湖分布着如激流公园、玫瑰公园、珍珠公园、英国花园、植物园等各式各样的公园，让人们可以尽情享受美丽的湖光山色。

## 看点 01 | 大喷泉
#### 世界上最大的人工喷泉

无论身处日内瓦的哪一个角落，只要往日内瓦湖的方向一望，都能看到一道冲天而起的水柱，而且随着风向、方位的不同，这股水柱还能变幻出不同的姿态，让人捉摸不透，这就是世界上最大的人工喷泉——日内瓦湖大喷泉。大喷泉始于1886年，最初只不过是附近的水力发电厂的安全阀，后来人们将水压增大，就形成了日内瓦最著名的景观。如今大喷泉每秒可以喷出500立方米的水量，高度超过140米，气势惊人。

畅游瑞士

日内瓦湖区

## 看点 02 弗莱迪像
### 著名的爵士乐人

如果对现在的年轻人说起弗莱迪·墨丘利这个名字，相信很多人都会感到陌生，但是每当有重要的体坛盛会，总会响起一首名叫《We Are The Champion》的歌曲，让人热血沸腾。这首歌是20世纪70年代皇后乐队最著名的歌曲，而弗莱迪·墨丘利正是这支乐队的歌手。瑞士的蒙特勒是著名的爵士之城，弗莱迪一踏上这片土地就被这里的美丽风光和爵士乐氛围所吸引。位于日内瓦湖畔的弗莱迪像采用了他最经典的造型，将无数爵士乐迷们的思念寄托于此。

## 看点 03 卓别林像
### 世界上最著名的喜剧之王

头戴一顶圆边帽，身穿一件小礼服，手持一根拐杖，脸上一撮小胡子，走起路来身子像鸭子一样摇来晃去，相信看到这个造型所有人都一下子能叫出一个名字：卓别林。没错，位于日内瓦湖畔的这座雕像就是世界上最著名的喜剧之王。卓别林一生出演过无数电影，包括《淘金记》、《摩登时代》、《城市之光》、《大独裁者》等都是流传千古的名作。他在幽默中蕴含了深刻的寓意，将幽默和人性一起传递给的观众。卓别林在人生的最后25年定居于沃韦，当地人为了纪念他，所以树立了这座纪念像。

## 看点 04 乌契湖区
**休闲酒店集中地**

位于日内瓦湖畔的小城洛桑以前不过是一座小渔村,但是随着前往日内瓦湖游玩的人越来越多,这座小城也逐渐繁华起来。乌契湖区是洛桑最主要的休闲酒店集中地,也是洛桑的居民与游客最喜欢的旅游场所,总是可以看到当地居民和外来游客混杂在一起。湖畔有许多公园、广场与雕塑景观。人们可以坐在露天餐馆的椅子上享受日光浴,或是在码头看街头艺术家的表演,也可以在湖边喂天鹅和在湖中泛舟。不论做什么,乌契湖区都会给人最惬意的享受。

# 02 洛桑大教堂
宏伟华丽的教堂

赏

## TIPS

Place de la Cathédrale, 1005 Lausanne 乘M2在Bessieres站下，或乘16路公交车在Pierre-Viret站下 021-3167161
2瑞士法郎 ★★★★★

每一个来到洛桑旅游的人，都会被宏伟华丽的洛桑大教堂所震撼。洛桑大教堂不光是瑞士规模最宏大的主教座堂，同时还是瑞士最精美的哥特式建筑，被誉为瑞士法语区的精神堡垒。这座教堂始建于1150年，经过7个不同阶段的修建，持续了100多年才完成。站在教堂的大门前，门上那精致的浮雕塑像就让人瞠目结舌，雕刻繁复的圣经人物密密麻麻布满了所有空间，每一个都栩栩如生，华丽异常。而教堂内绚丽多彩的彩色玻璃玫瑰窗更是让人一见倾心，再也无法忘记。

 钟楼
经典的哥特式建筑

洛桑大教堂作为一座经典的哥特式建筑，教堂的巨大钟楼是一大看点。游客们可以通过钟楼内232层台阶来到钟楼的顶端，虽然会感到疲劳，但是呈现在眼前的美丽的城市风景一定可以让人感到浑身舒畅。从这里可以遥望整个洛桑市内的景色，还能远眺日内瓦湖和阿尔卑斯山的景色，视野极佳。此外，洛桑大教堂的钟楼还有一个特点，它是全瑞士最后一座还保留着守更人的教堂，每天晚上10点到次日凌晨2点，都能听到守更人声音响亮的报时声，极具古趣。

## 03 圣梅耶城堡

造型十分奇特的城堡

**TIPS**

Place du Chateau, 1002 Lausanne  ★★★

从洛桑大教堂走到最高处往下看，会看到一栋造型十分奇特的城堡，这座城堡下半部是十分厚实的石砌墙壁，而上半部则是用红砖砌成的。这种建筑式样原本流行于意大利北部，后来被意大利籍的洛桑大主教带到了这里，作为他的居所。圣梅耶城堡从完成的那一天开始，就一直是洛桑的政治中心，宗教改革以后就成了当地行政长官的官邸，如今依然是沃州的议会所在地。由于是重要的政治设施，因此并不对外开放，人们只能从外面一览其壮美的身姿。

## 04 圣佛朗索瓦教堂
洛桑人民信仰的寄托

**TIPS**
Place Saint-Francois 由圣佛朗索瓦广场步行10分钟即到 ★★★★★

虽然洛桑大教堂宏伟无比，但是在当地人心中它是高高在上的存在，反而是小巧的圣佛朗索瓦教堂更为贴近人们的生活，是人们信仰的寄托。圣佛朗索瓦教堂临近圣方济各会的修道院，建于1270年。整个教堂也是哥特式风格，有一座高56米的钟楼，姿态优雅，和洛桑大教堂的钟楼如出一辙。每到晚上，圣佛朗索瓦教堂的建筑就会被美丽的灯光所笼罩，无论是钟塔的尖顶还是古老的墙壁都会被漂亮的光渲染得五光十色，让人赞叹不已。

### 看点 01 圣佛朗索瓦广场
洛桑老城内最繁华的地方

**TIPS**
Glockengieserwall, 20095 Hamburg 从汉堡火车总站出站即到 8.5欧元 ★★★★★

圣佛朗索瓦广场位于教堂前，是洛桑老城内最繁华的地方。在广场周围林立着各种商店和办公大楼，每天都会有很多人聚集在这里。在白天人流量最多的时候，附近的餐馆还会将桌椅直接放到广场上，让人们可以一边用餐一边欣赏广场的美景，十分惬意。

## 看点 02 博格路
### 汇集了诸多精品名店

博格路位于圣佛朗索瓦广场东侧，这条街面上铺着石砖的步行街并不宽敞，但却是洛桑老城内汇集了诸多精品名店的购物胜地，来自世界各地的各种名品名牌在这里都可以看到。而且这条街每到周三和周六都会举行传统集市，时间从上午6点到下午2点，会有很多人拿出各种传统工艺品出来售卖。

畅游瑞士 日内瓦湖区

## 05 阿尔布吕特美术馆
**世界上最另类的美术馆之一**

### TIPS
 Avenue des Bergieres 11,1004 Lausanne　乘2、21路公交车在Jomini站下　021-3152570　10瑞士法郎　★★★★

洛桑的阿尔布吕特美术馆号称是世界上最另类的美术馆之一，在这里展出的艺术品在别处基本都看不到，而且创作它们的艺术家的名字对人们来说也很陌生。这里的艺术品大多都是用混乱而又充满力量的线条组成的，让人们感受到每一件艺术品背后隐藏着的深意。而且让人惊讶的是，创作这些艺术品的都是当地监狱里的罪犯或是一些精神病患者，正是这种未经修饰的画作，让人能够感到灵魂的悸动，将人们的内心赤裸裸地呈现出来。

## 06 爱丽舍摄影美术馆
**瑞士最著名的陈列摄影作品的美术馆**

### TIPS
Avenue de l Elysee 18,1014 Lausanne　乘8、25路公交车在Musee Olympique站下　021-3169911　8瑞士法郎　★★★★

爱丽舍摄影美术馆是瑞士最著名的陈列摄影作品的美术馆。馆内的展品都是以轮展的形式进行陈列的，每次都会展出不同摄影师的作品，是那些有名或无名的摄影师们展示他们艺术作品的重要舞台。这些摄影师的作品并不会只拍一些人物或是自然风景，事实上他们的很多作品都是针对一些特殊的视觉效果而设计的，就好像后现代各个流派的画家一样，在主题、构图、光线、色彩和表达方式上独具一格，开辟出了一种新的艺术形态。

## 07 洛桑历史博物馆

由主教官邸改建的博物馆

### TIPS

📍Musée Historique de Lausanne，1005 Lausanne 🚌乘1、2、4、6、7、8、9、13路公交车在Saint-Fran.ois站下 ☎021-3154101 💴4瑞士法郎 ★★★★

洛桑历史博物馆就位于圣母教堂附近，是由15世纪时期的主教官邸改建而来的。整座博物馆的建筑继承了原有建筑的特色，显得古朴而大气，外墙上并没有过多的修饰，十分简单。在博物馆内则收藏着千年以来洛桑这座小城的所有历史，有很多反映了洛桑各个历史时期的版画和绘画，还有记载着洛桑历史的古文书、石像等文物。此外还有一座根据17世纪洛桑城市规划而建起来的模型，可以让人对过去的城市面貌一目了然。

## 08 奥林匹克博物馆
世界上第一座奥林匹克博物馆

**TIPS**

 Quai d'Ouchyl 1006 Lausanne  乘Bus 8、25路公交车在Musée Olympique站下  021-6216511  15瑞士法郎  ★★★★★

因为国际奥林匹克委员会的总部在洛桑,因而这里成了世界著名的"奥林匹克之都"。1993年,世界上第一座奥林匹克博物馆在此成立,从此每年都会吸引数以万计的游客来这里感受奥运会的魅力。还没走进博物馆,就能看到门口那根比大门还高的横杆,它代表了跳高的世界纪录,象征着"更高、更快、更强"。博物馆内展览面积达11000多平方米,展示了各种和奥运会有关的文物,包括古希腊时期的圣火火炬、历届的金牌、金牌运动员们的运动装备等,展示了奥运会的历史。

## 奥林匹克公园
### 视野开阔的公园

奥林匹克公园位于奥林匹克博物馆背后的小山丘上，一般参观完博物馆的游客都会顺便来到这里漫步一番。奥林匹克公园的地理位置非常好，正对着波光潋滟的日内瓦湖，视野十分开阔，是远眺自然风景的最好去处。除了有良好的风光外，公园里还有许多别具意义的雕塑作品，雕塑的主题全都和奥林匹克运动有很深的联系，向人们传达着奥林匹克精神及它背后的和平理念。

## 09 葡萄酒列车
### 参观拉沃著名的葡萄梯田

**TIPS**
 Lutry  021-7916262  10瑞士法郎  ★★★★

葡萄酒列车是在拉沃旅游最热门的方式，这是一辆一共只有两节车厢的小火车，共有34个座位。目前有两条线路可以选择，其中西线是从Lutry出发，前往坡度较高的Aran，到了Grandvaux后再原路返回，全程一共1小时。而东线是从Cully出发，沿着日内瓦湖经Riex和Epesses后抵达Dezaley，然后再原路返回，全程一共1小时15分钟。夏季时葡萄酒列车还会提供特别的行程，也就是前往当地农家酿酒的酒窖参观，可以品尝到拉沃最负盛名的葡萄酒，是每个人都难忘的旅程。

## ✳ 拉沃葡萄园梯田
**瑞士著名的葡萄酒产地**

位于日内瓦湖畔的沃州是瑞士第二大葡萄酒产地,这里一共有26个葡萄园区,沿着日内瓦湖北岸可以看到大片的葡萄园梯田,而且历史十分悠久。人们可以搭乘当地特有的拉沃葡萄酒列车从这一片片葡萄园横穿而过。一串串宛如波浪的葡萄藤蔓在太阳光照之下闪闪发光,衬着远处一眼望不到头的日内瓦湖和湛蓝的天空,那景色别提有多漂亮了。而到了葡萄成熟的季节,梯田会被染成一片紫色,当地的酒窖也会向人们提供各种葡萄酒试饮。

## 10 沃韦食物博物馆
**世界上少见的以食物为主题的博物馆**

### TIPS
📍 Quai Perdonnet Case Postale 13,1800 Vevey　🚶 由沃韦车站步行可到　📞 021-9244111　💰 8瑞士法郎
⭐ ★★★★

相信很多人对沃韦这个城市很陌生,但是提到雀巢咖啡怕是无人不知无人不晓了。雀巢正是从沃韦起家的品牌,其总部就位于日内瓦湖畔,在总部里有一座世界上少见的以食物为主题的博物馆。博物馆内共分3层,一共有5个展区,其中1楼的主题是"烹饪"和"食用",主要陈列各种烹饪用的工具和食物原料。2楼的主题是"购买"与"消化",将整个展区布置成一家超市的样子,用各种多媒体技术介绍相关展品,让人们可以直观了解食物的前世今生。

## 11 沃韦城堡
造型独特的城堡 赏

**TIPS**
- Rue du Chateau 2,1800 Vevey
- 021-9210722
- ★★★★

沃韦城堡虽然名字上是城堡，但是看上去就像是一幢富人的豪宅，拥有十分独特的屋顶和窗框。这座城堡建于16世纪，最初是塔沃家族的产业，后来卖给了伯尔尼的封建领主，直到19世纪时被改造成为一座旅馆。"二战"结束后，旅馆停业，当地的葡萄酒同业公会为了避免这座华丽的古建筑被毁坏，特地将其买下并加以修葺。如今这座城堡地下1楼是一家很有名的餐厅，1楼则是关于酿酒的博物馆，2楼则是沃韦历史博物馆，收藏了很多重要的文物。

畅游瑞士 日内瓦湖区

# 沃韦历史博物馆
**日常工具博物馆**

沃韦历史博物馆位于沃韦城堡的2楼,博物馆里保存了数百年来沃韦市民曾经使用过的各种日常工具,其中包括两大看点:其一就是古代的各种门锁,其中包括钥匙、锁扣、锁头等,形态各异,十分精致;而另一看点就是当地画家在18世纪末时绘制的绘画了。这位画家曾经在西印度群岛目睹了英法两国之间的海战,他将这一场面细致描绘了下来。除此之外,博物馆内偶尔还会有特展,如果遇到可不要错过。

## 12 照相机博物馆

沃韦最具特色的博物馆

### TIPS

 Grande Place,1800 Vevey ☎ 021-9252140
★★★★

照相机博物馆是沃韦最具特色的博物馆，和位于洛桑的爱丽舍摄影美术馆不同，这里并不展出摄影作品，而是展示各种照相机。你如果是一位相机迷的话，一定会觉得自己身处天堂。博物馆里收藏的摄像器材十分丰富，从最初的完全称不上照相机的设备，到最新的数码摄像器材应有尽有。在这里也可以看到早期人们是如何晒印照片的，会有人现场演示暗房的操作，理解产生影像的化学原理。而博物馆的2楼更是宛如大观园一般，各种相机一一排开，让人叹为观止。

## 13 西庸城堡

瑞士最重要的古堡之一

### TIPS
- Avenue de Chillon 21,1820 Veytaux
- 12瑞士法郎
- 在火车站坐1路公交车到Veytaux站下车
- ★★★★★

西庸城堡是瑞士最重要的古堡之一，始建于古罗马时期，历史十分悠久。在11到13世纪时古堡被大规模扩建，成为今天的宏伟模样。西庸城堡的地基位于300米深的日内瓦湖底，这使得它历经千年时光而毫发无损。城堡本身则是依山而建，从外面看整个城堡和山水和谐地融合在一起，让人不禁感叹它的美。人们可以在城堡主楼内的各个厅堂之间参观，很多房间都保持了伯尔尼人统治时期的原貌，完整地将人们在古堡中的生活场景呈现出来。

## 地牢
曾经黑暗的一面

**TIPS**
Au Chateau Case Postale 9,1814 La Tour-de Peliz
★★★★

虽然西庸城堡给人以一种十分浪漫的感觉,但是其最出名的地方却是位于临湖一侧的地牢。这座地牢暗无天日,以前是囚禁犯人的地方,最多的时候关过200多人。其中最有名的一位囚犯要数16世纪时支持沃州从萨伏伊人的统治下解放出来的伯尼瓦神父了,他被一根铁链锁在这里长达4年之久。英国诗人拜伦因此而创作出《西庸的囚徒》一诗,流传千古,如今在地牢中还能看到拜伦当年游览时候的亲笔签名。

## 14 游戏博物馆
汇集了从古至今的玩具

游戏博物馆从外观上看,你绝对想不到这座建筑是干什么的,因为它的造型和中世纪时期的城堡别无二致。当你走进庭院中,看到无数兴高采烈的小孩子在这里追逐玩耍时,还会以为自己误入了当地的小学呢。事实上,这是一座收集了来自世界各地玩具的博物馆,从远古时期用石头玩的游戏,到最新款的电子游戏机,这里应有尽有,将数千年来人类凝结在"玩"中的智慧都展现了出来。当然人们不光只能看,还能亲身加入到这些游戏中去,享受游戏带来的乐趣。

## 15 蒙特勒赌场
瑞士为数不多的赌场之一

### TIPS
 日内瓦港口右侧剧院路 ★★★★

蒙特勒赌场是瑞士为数不多的赌场之一，是法国有多家酒店的Lucien Barrière集团在瑞士开设的三间酒店赌场之一。赌场主要以投币机为主，一共有300台投币机及12台博彩桌，每天晚上这里都是人声鼎沸，十分热闹。不过这家赌场可不是光提供博彩服务，这儿也是无数古典及流行音乐会的表演场地。著名的摇滚乐队Deep Purple在1972年推出的歌曲《Smoke on the Water》就是以蒙特勒赌场作背景的。此外，赌场里还有餐厅、酒吧、商店、游泳池、会议室等。

## 16 雷第瓦奶酪工厂
品尝厄堡最著名的特产

**TIPS**

 1660 I'Etivaz　026-9247060　5瑞士法郎　厄堡车站乘巴士在I'Etivaz, anc.Poste站下　★★★★

雷第瓦奶酪是厄堡最著名的特产，因此来这里绝对不能错过生产雷第瓦奶酪的工厂，一定要去参观一下。雷第瓦奶酪工厂位于距离厄堡市中心约10分钟车程的地方，很多人都不会把这座宛如林中木屋的地方当作是工厂，但是闻名世界的雷第瓦奶酪就是从这里生产出来的。人们可以看到雷第瓦奶酪的整个生产过程，通过各种影视资料来了解这种奶酪的发展历史。雷第瓦奶酪之所以出名，因为从选料到制作都十分严格，因此带有独特的浓郁香气，味道也很好。

## 17 冰河3000
海拔高达3000米的冰河

**TIPS**

 Glacier 3000,Diablerets- Gstaad Dorfstasse 108, 3792 Saanen　024-4920923　58瑞士法郎　蒙特勒乘黄金列车在Gstaad站换乘邮政巴士在Col du Pillon站下　★★★★★

冰河3000，顾名思义就是一片海拔高达3000米的冰河，这里终年积雪，永远都是一片银白色的世界，是世界上少有的在夏季也可以享受滑雪乐趣的地方。和瑞士其他高山雪场一样，这里也建有十分现代化的登山缆车，人们可以很方便地前往各个雪场进行游玩。雪场里有适合初学者和高手的各种雪道，也为那些不玩滑雪的人设置了很多娱乐项目。人们每天都可以在缆车站坐上雪地履带小巴，穿越整个冰河，沿途可以看到十分漂亮的景色。

# SWITZERLAND GUIDE

*Switzerland*

畅游瑞士 ❼

# 卢加诺

虽然身为瑞士第三大城市，但是在这里却依然能感受到一般大都市难得一见的山水风光。卢加诺位于卢加诺湖畔，正对着圣萨尔瓦多山，与生俱来的浪漫气息和现代化的城市风光融合得恰到好处，每个人都可以在市内享受到悠闲浪漫的南国气息。由于卢加诺临近意大利，在市内到处都可以看到精美的意大利风格建筑。

## 01 卢加诺旧城区

融合了古典情调和流行潮流的城区

### TIPS

- Lugano Old Town ☎091-9133232（旧城区游客服务中心）
- 卢加诺火车站乘下山电车可到 ★★★★★

卢加诺的旧城区将古典情调和流行潮流很好地融合在一起，不同的氛围杂糅在大街小巷之中，给人特别的感觉。卢加诺的旧城区以改革广场为中心，街道由卢加诺湖边向四面呈放射状延伸，一幢幢充满传统魅力的建筑矗立在街边，绿地花园小景、雕像与岸边成排的游艇构成了一道秀丽的景色，地中海的气候和悠闲的环境更是令人流连忘返。和欧洲很多古老的城市不同，卢加诺即使到了晚上也是十分热闹，是一座不夜城。

## 改革广场
游逛的好去处

　　吕贝克的圣玛利亚教堂是德国第三大教堂，建成于1350年，是哥特式建筑的典范。教堂有两座高达125米的大尖塔，是吕贝克七座尖塔中最高大的。虽然曾在"二战"中毁于空袭，但是经过修复后我们依然可以一睹其全貌。此外，在教堂里还拥有一座欧洲最大的管风琴，这座管风琴有1万多根风管，琴声悠扬婉转，而且音域宽广。每当演奏的时候，整座教堂都好像笼罩在神圣的氛围之中。

畅游瑞士 卢加诺

## 02 圣母天使教堂
拥有精美壁画的教堂

### TIPS
📍 Piazza Luini, Salita degli Angioli 6900 Lugano, Switzerland ☎091-9220112 ⭐★★★★

圣母天使教堂位于卢加诺旧城区中的卢伊尼广场旁,始建于15世纪左右。教堂隐藏在周边的传统房屋之中,并不是那么显眼,但是在教堂里却有着不可多得的文化历史瑰宝。这就是在教堂中的卢伊尼壁画。卢伊尼在绘画历史上的地位堪与达·芬奇相提并论。在圣母天使教堂上描绘了基督受难以及圣塞巴斯蒂安被利箭穿身等题材的壁画,全都是出自卢伊尼之手,缤纷的色彩以及精致的画工让人赞叹不已,而一幅《最后的晚餐》更是和达·芬奇的名作不相上下。

## 03 圣洛伦佐大教堂
卢加诺历史最悠久的一座教堂

### TIPS
- Cattedrale S.Lorenzo Via Borghetto 1 6900 Lugano
- 卢加诺火车站乘下山电车可到 ★★★★

始建于公元9世纪的圣洛伦佐大教堂是卢加诺历史最为悠久的一座教堂，建成后历经了数次改建整修，才成为了现在的模样。现在所见到的教堂建筑是在1517年时修建完成的，属于文艺复兴式的建筑。教堂的高塔十分有特点，顶部是一个球状的圆顶，白色的塔身，显得十分优雅。走进教堂，只见教堂墙上有华丽的玫瑰窗，窗上用彩色玻璃贴出了圣母怀抱圣子等精美的拼贴画，阳光从窗子里透进来，立刻生出一种十分圣洁的感觉。

## 04 卢加诺湖

宛如碧玉的湖泊

赏

### TIPS

 Casella Postale 56,6906 Lugano　091-9715223

 卢加诺码头乘游船　★★★★★

卢加诺湖位于瑞士和意大利的边境上，地处马焦雷湖和科莫湖之间。湖泊四周树木苍翠，湖水清澈见底，宛如一块碧玉一般。四面青山叠嶂，繁花争艳，到了晚上周围的灯光一起倒映进湖中，使得湖水更加美丽，让人沉醉。人们可以在卢加诺城内两个主要的码头登船，乘坐游船在湖水中畅行，沿途还可以停靠湖畔的各个旅游重点小镇，有的游船还会提供餐点以及音乐表演，给人以很好的旅游体验。

## 05 现代美术馆
**15到20世纪的名家名作**

### TIPS
 Villa Ciani, Parco Civico　☎058-8867196　💰5瑞士法郎
★★★★

　　现代美术馆位于卢加诺市民公园内,面朝着波光粼粼的卢加诺湖,风景十分优美。现代美术馆的建筑本身就是少有的艺术品,外墙亮丽的色彩以及内部华丽的天花板设计都十分有看头,是艺术家们的倾心之作。而馆内的藏品更是让人眼前一亮,在这里收藏了很多15到20世纪之间的绘画作品,包括克拉纳赫、亨利·卢梭等人的作品,这些绘画代表了一个时代的艺术成就,让人赞叹不已。

## 市民公园

没有小景点二级标题

市民公园位于卢加诺湖畔，是卢加诺市民们休息散步的最佳去处，可以从近距离感受到卢加诺湖的魅力。人们可以在公园里欣赏辽阔的卢加诺湖，在色彩缤纷的鲜花和绿荫浓密的树木中穿行，尽情徜徉在这湖光山色之中。特别是每当夏日午后，市民公园的小径上、草地上、湖岸边四处都可以看到前来散步休闲或是进行日光浴的人们。因此很多外来游客也像当地人那样，在公园里尽情享受着临湖城市独特的悠闲时光。

## 06 瑞士小人国
1小时游遍瑞士

### TIPS
 Via Cantonale,6815 Melide ☎091-6401060 ◎15瑞士法郎 🚢卢加诺码头乘游船在Melide小镇下 ★★★★

虽然瑞士这个国家不算大,但是想要来一趟完整的瑞士旅程,看遍所有大大小小的景点,也不是一桩容易的事情。不过在卢加诺有这么一个地方,可以满足人们这个愿望,那就是著名的瑞士小人国。小人国以"1小时游遍瑞士"作为卖点,用各种奇思妙想,在有限的空间里将瑞士所有的知名景观都用微缩模型的方式展示了出来。像少女峰、马特峰等名山,阿尔卑斯山谷中的小木屋、圣皮埃尔大教堂等全都活灵活现地呈现在人们眼前,让人不得不赞叹工匠们的巧手。

## 07 布雷山
**全瑞士阳光最好的山峰**

### TIPS
- Via Ceresio 36, 6977 Ruvigliana ☎091-9713171
- 乘1、11、12路公交车在Monte Bre站下 ★★★★

布雷山位于卢加诺市区的东侧，号称是全瑞士阳光最好的山峰。也许正是因为如此，山上生长着一种濒临灭绝的植物——圣诞蔷薇，十分珍贵。人们可以乘坐高山缆车来到布雷山顶，在这里能将阿尔卑斯山的全貌、卢加诺市、罗莎山以及米兰与都灵之间的意大利部分地区的风光尽收眼底。当然，游客们也可以从登山步道登山，山顶上有不少很具看点的小道。

## 08 格朗德大城堡
**古老的遗存城堡**

### TIPS
- Via Salita Castelgrande 18, 6500 Bellinzona, Svizzera
- 091-8258245  5瑞士法郎  贝林佐纳火车站步行可到
- ★★★★

格朗德大城堡又被称作圣米契尔城堡或乌里城堡，是遗存下来的13世纪城堡中最古老的一个。在Torre Nera(28米)和Torre Bianca(27米)两座高塔上可以俯瞰贝林佐纳的老城。格朗德大城堡中还建有一座考古艺术博物馆。

## 09 贝林佐纳旧城区

意大利风情城区

### TIPS

Old Town,Bellinzona 091-8252131（游客服务中心）
贝林佐纳火车站步行可到 ★★★★

贝林佐纳旧城区位于大城堡附近，以克雷加亚塔广场为中心。这座广场是意大利式的，到处分布着满是文艺复兴情调的建筑和充满了古意的小巷，融合成为颇具南方情调的古城气息。在旧城区里有几座比较引人注目的建筑，其中游客服务中心所在的Palazzo Civico修建于文艺复兴时期，建筑的造型十分优雅，阳光从庭院内照进来，让人感觉十分舒服。

## ✲ 周六集市
**体验贝林佐纳的地道风土人情**

如果想要亲身体验贝林佐纳的地道风土人情，去贝林佐纳旧城区的周六集市是最好的选择。每逢周六，人们就会聚集在集市上，集市会从广场延伸到老城区的街角巷尾。这个集市每周六的上午8点到下午1点开业，占地面积并不是很大，但到处都是从四面八方涌来的小贩和人群，十分热闹。耳边可以听到各种叫卖声和讨价还价的声音，将瑞士南方人的热情完全展示出来。在这里有各种各样的土特产品，像是新鲜的当地美食和精美的手工艺品等，都是极受欢迎的。除了市场出售衣服的货摊，这里还出售纪念品、古玩及小摆设。如果是外来游客，一定要尝尝当地人手工制作的奶酪和面包，味道实在不错。

## 10 蒙特贝罗城堡

贝林佐纳眺望风景最好的地方

### TIPS

Salita al Castelgrande, 6500 Bellinzona
091-8251342  8瑞士法郎  ★★★★

"蒙特贝罗"在意大利语中的意思是"美丽的山",指的就是蒙特贝罗城堡所在的山丘。这座城堡所在的高度比贝林佐纳的大城堡还要高出90米,视野极佳,是贝林佐纳眺望风景最好的地方。游客可以选择天气晴朗之时,站立在城堡的最高处,视野最远可以达到马焦雷湖,四周的山水风光尽收眼底,伴随着微风轻拂,那感觉实在是惬意极了。除了远眺风景外,城堡的建筑也颇有可看性,这些建筑大多建于13到14世纪,至今依然保存得较为完整。

畅游瑞士 卢加诺

## 11 圣萨尔瓦多山
视野开阔的山峰

**TIPS**
🏠 Monte San Salvatore  ☎ 091-9852828  💰 26瑞士法郎
🚠 Paradiso乘缆车可到  ★★★★

在卢加诺周边有几座海拔在1000米上下的小山,这些山峰视野开阔,风景宜人,很适合人们攀爬休闲,因此登山游也就成了卢加诺的一项颇受欢迎的休闲活动。圣萨尔瓦多山就是其中之一。从卢加诺南部的高速公路出口行驶大约500米,就可以找到缆车车站,乘坐缆车只需要10分钟就能来到圣萨尔瓦多山的山顶,从这里极目四望,四面风光让人感到心旷神怡。除了在这里欣赏美景外,圣萨尔瓦多山上还有一家观景餐厅,可以在这里享用美食。

## 12 科尔巴洛城堡

贝林佐纳规模最小的城堡

🏠 6500 Bellinzona Svizzera ☎ 091-8255906 💰 5瑞士法郎 🚌 乘4路公交车在Artore站下 ★★★★

科尔巴洛城堡是贝林佐纳3座城堡中距离市中心最远，也是规模最小的一座。这座城堡建于1479年，在这一年发生的战争中，瑞士军队击败了米兰军队，后来米兰公爵下令修建了这座城堡用来防守，和大城堡、蒙特贝罗城堡成掎角之势。由于有十分明确的军事用途，使得这座城堡并不像其他两座那样漂亮。整个城堡的建筑四四方方，城墙厚达4.7米。城堡内有一座博物馆，将古城的文物汇集一堂，很有历史价值。

## 13 洛迦诺威斯康提城堡

历史悠久的古城堡

🏠 Via B,Rusca 5, 6600 Locarno ☎ 091-7563180 💰 7瑞士法郎 ★★★★

洛迦诺威斯康提城堡的历史最早可以追溯到公元998年，原本它隶属于当地的望族Orelli家族，到了14世纪时被米兰的威斯康提公爵占据，而洛迦诺的政治也一直掌控在米兰公爵的手中。15世纪时公爵家族扩建了这座城堡，使城堡的规模扩大了六七倍左右。但是16世纪时，从瑞士北方过来的军队将这座城堡摧毁，如今人们只能从一些残破的遗迹中遥想城堡当年的辉煌。如今城堡内部已经被规划成为考古博物馆，收藏有很多珍贵的罗马时期的青铜器和陶器等。

## 14 洛迦诺旧城区
浓郁的意大利风情

**TIPS**

 Citta Vecchia,Locarno ☎091-7910091 ★★★★

浓郁的意大利风情是洛迦诺旧城区最吸引人的一点。由于洛迦诺所属的地区在历史上一直被意大利米兰公国所占据，因此这里的建筑风格受到了意大利风格的深刻影响，尤其是以意大利北部的风格为主。洛迦诺旧城区以广场西侧的两条大道为主，在街道两旁布满了各种美轮美奂的建筑，这些建筑大多建于16到17世纪，原本都是当地的贵族和富人所有。这些房屋的规模很大，融合了巴洛克后期和当地的建筑风格，十分漂亮。如果有机会，一定要仔细地参观一番。

## 15 大广场
洛迦诺的城市中心 赏

### TIPS

- Piazza Grande,6600 Locarno
- 091-7596868
- 洛迦诺火车站出站步行可到 ★★★★

大广场是洛迦诺的城市中心，是当地最重要的社交场所。广场的风貌古色古香，四周围绕着各种传统样式的建筑。平时可以看到很多人在这里的餐厅、咖啡厅里喝咖啡或是喝下午茶，十分休闲惬意。不过，要游览大广场最好的时候还是每年8月，这个时候正是洛迦诺国际电影节开幕的时候，整个大广场会被改造成为一座巨大的露天电影院，放映各种电影，到时候广场上人头攒动，堪称盛况空前。

畅游瑞士 卢加诺

## ✱ 洛迦诺电影节

洛迦诺最重要的节日之一

　　洛迦诺电影节创立于1948年,是洛迦诺最重要的节日之一。电影节主要以播映从未在瑞士上映过的外国电影为主,特别鼓励青年导演拍摄影片。电影节在每年的7月或8月举行,历时两周。电影节一般将主会场设置在洛迦诺大广场上,在广场上拉起巨大的银幕,整个广场就变成了巨大的电影院,可以容纳超过7500名观众。白天和晚上都会放映不同的影片,每当放映时,广场上人头攒动,到处都是来看电影的观众,十分热闹。

## 16 新教堂

历史悠久的"新"教堂

　　虽然名字叫作"新教堂",但是这座教堂实际上建于1630年,至今也有近400年的历史了。只是由于它建造在原有的旧教堂的基础上,因此被人们称作新教堂。当新教堂建成的时候,正好是黑死病疫情高峰过后的20年,因此在教堂西侧入口处特别加上了象征着对抗瘟疫的圣克里斯托弗的塑像。教堂外墙上那华美的雕饰也将其巴洛克式的建筑风格完全展现出来。而内部更是美轮美奂,堪称洛迦诺所有的建筑中最漂亮的一座。

**TIPS**

 Lucarno　 洛迦诺火车站出站步行可到　★★★★

## 17 卢斯卡之屋美术馆 赏
贵族宅邸上改建而来的美术馆

### TIPS
 Piazza S.Antonio,6600 Locarno  091-7563185  7瑞士法郎  洛迦诺火车站出站步行可到  ★★★★

卢斯卡之屋美术馆位于洛迦诺旧城区内，这座房屋建于18世纪，是当时一个贵族的宅邸，而卢斯卡正是这个贵族家族的姓氏。这座房屋至今保存得相当完整，内部的庭院造型和整体的建筑结构都是典型的洛迦诺意式建筑，在当地很具代表性。而美术馆内的作品则以20世纪的当代美术绘画和雕塑为主，其中尤其以在洛迦诺度过晚年生活的达达主义艺术家汉斯·阿尔普的作品最为突出。这里收藏了很多幅他的画作，是人们参观的焦点。

## 18 圣安东尼奥教堂 赏
十分漂亮的巴洛克式教堂

圣安东尼奥教堂建于1692年，是一座十分漂亮的巴洛克式教堂。由于其门面以及天花板曾经一度倒塌，后于1863年重建，重建后成了新古典主义风格，因此两种建筑风格的结合使得教堂更具魅力。走进教堂，除了巴洛克式的华丽装饰令人目不暇接之外，教堂一角的《圣餐桌图》也十分引人注目。此外，在教堂内还有一尊打造于15世纪的镀金圣母玛利亚像，很具艺术性。

### TIPS
 Locarno  洛迦诺火车站出站步行可到  ★★★★

## 19 圣弗朗西斯科教堂 赏
具有历史价值的古迹

### TIPS
 Via Cittadella 20,6600 Locarno  洛迦诺火车站出站步行可到  ★★★★

圣弗朗西斯科教堂的历史十分悠久，建于1270年，而教堂内的唱诗班席位和穹顶天花板都是14世纪的作品。正厅于1528年建成，教堂的正门则是使用了瑞士军队自威斯康提城堡上拆卸下来的石块建造。因此如果仔细察看正门的外侧墙面，还可以看到不少残留的刻字，上面写着当地望族之间召开政治性会议的时间、内容等信息。

## 20 岩石圣母堂
洛迦诺最引人注目的地标

### TIPS
 Via Santuario 2,6644 Orselina ☎091-7436265 ⊙2.5瑞士法郎 🚌洛迦诺火车站出站乘电缆车可到 ★★★★

岩石圣母堂是洛迦诺最引人注目的地标，无论是在建筑史还是宗教史上都占据了十分重要的地位。这座教堂完全是靠信徒们的捐助建造出来的。玉女祠空间的设计上显得有些凌乱，但是这却一点也不影响整座教堂的美观和庄严。黄色的墙面搭配上红褐色的瓦，在蔚蓝的天空和湖水的映衬下显得更为优雅。走进教堂，人们会被这里天花板和墙面上多姿多彩的壁画所吸引。其中一幅壁画《摩西出埃及记》是出自16世纪著名画家之手，十分有艺术感。

## 21 佛萨斯卡谷
享受世外桃源的乐趣

### TIPS
 Via ai Giardini,6598 Tenero ☎091-7451661 🚌洛迦诺火车站乘邮政巴士可到 ★★★★★

有不少溪流从洛迦诺流过，汇入到马焦雷湖中，因此周围就形成了很多被溪流冲刷而成的山谷，其中佛萨斯卡谷就是最漂亮的一处，是洛迦诺市民们假日休闲的最佳去处。佛萨斯卡谷距离洛迦诺市区仅有1.5公里距离，居住在附近的居民都以农耕为业，因此保持了很好的自然风光。尤其是那些清可见底的溪水、散落在山谷之间的一个个淳朴的小村庄，都让人流连忘返。

## 看点 01 萨尔蒂罗马桥
优雅的双拱造型罗马桥

**TIPS**

📍 Mengstraβe 4,23552 Lübeck　📞 0451-1224190　💰 5欧元　⭐⭐⭐⭐

萨尔蒂罗马桥是佛萨斯卡谷的第二处主要景点。这座桥至今已经有250多年的历史,高12米,是一座优雅的双拱造型罗马桥。由于四周视野很好,风景也很美,因此成为人们摄影取景的最佳地点。夏天时,清澈碧绿的河水让人忍不住跳进去戏水游泳,不少年轻人还会尝试一下跳水,从桥拱的最高处扑通一下跳进水里,溅起的冰凉水花让人感觉十分舒服。随着跳水的人越来越多,他们也会尝试各种稀奇古怪的姿势,十分有趣。

## 看点 02 佛萨斯卡水坝
欧洲规模最大的水坝

走进佛萨斯卡谷的游客谁都不会错过这座巨大的佛萨斯卡水坝。这座超大型水坝高达220米,是欧洲规模最大的水坝。佛萨斯卡水坝除了有蓄水发电的功能外,还是世界知名的极限运动胜地。在那些极限运动迷的心目中,这里是全世界落差最大的蹦极跳地点,是他们一生一定要挑战一次的地方。而在著名的007电影《黄金眼》中,邦德就是在这里进行高空弹跳,为电影拉开序幕的。如果不敢玩这么惊险的游戏,可以在大坝上的步行道散步,看看四周美丽的自然景色。

## 看点 03 松诺
有传统的石造房舍

松诺是位于佛萨斯卡谷最末端的一个小镇,这里保留传统的石造房舍,每一间古老的房屋都已经有300多年的历史了。时间在这座小镇中仿佛停止了一样,到处都充满令人怀念的传统氛围。过去的松诺由于位于深山之中,经济发展很慢,当地人的生活也比较艰苦。随着旅游业的日益发达,这些有数百年历史的老屋也摇身一变成为价值不菲的度假屋,很多屋舍在主人精心的装点下又重新焕发了生机。

## 看点 04 卡奇波
宁静安详的小镇

相对于松诺的高知名度,卡奇波是一个极少有游客光顾的迷你小镇。卡奇波的风景和松诺十分相似,古老的石制屋舍静静矗立在山谷的角落之中。由于人迹罕至,使得小镇里有一种宁静安详的氛围,让那些喜欢宁静的游客感到十分温馨。沿着小镇中的街巷随意散步,让人感觉好像把所有的烦恼都遗忘了一般。卡奇波的屋舍大多已经无人居住,里面全都保持着最原始的风貌,反而显出一种独特的魅力。

畅游瑞士·卢加诺

# SWITZERLAND GUIDE

# 瑞士其他

*Switzerland*
畅游瑞士 ❽

# 01 少女峰
**阿尔卑斯山脉最著名的山峰之一**

### TIPS
-  Jungfrau
- ☎ 033-8265300（因特拉肯游客服务中心）
- 🚋 因特拉肯乘火车在Kleine Scheidegg换乘少女峰铁道可到
- ★★★★★

少女峰是阿尔卑斯山脉最著名的山峰之一，由少女峰、僧侣峰和艾格峰3座海拔在4000米左右的山峰联立而成，长久以来就是一处难以攀登的高山，直到1811年Meyer兄弟才第一次登顶成功。3座山峰鼎立的连绵山色是少女峰地区最引人入胜的风景，而全欧洲最长的阿莱奇冰川更是全世界旅游爱好者们绝对不会错过的壮美景色。如今人们可以利用登山铁路、缆车等登上少女峰，在这里可以俯瞰四周的湖光山色。

## 看点 01 格林德尔瓦尔德
**藏在深山之中的小镇**

格林德尔瓦尔德坐落于艾格峰旁的山谷之中，是一座藏在深山之中的幽静小镇，是人们搭乘铁路前往少女峰途中一处令人惊艳的风景胜地。整个小镇点缀在一片绿色的原野之中，让每一个经过此地的游客都不禁回头张望，有的人索性就直接下车来到镇中一游。如果夏天来到这里，可以选择不同的步行路线来游玩，可以在山间看到吃草的奶牛，还可以欣赏阿尔卑斯山特有的美丽野花。如果是冬天，那这里更是滑雪的天堂，同样值得来一趟。

畅游瑞士 | 瑞士其他

## 看点 02 冰宫
### 冰封的世界

冰宫位于少女峰车站之内，开凿于一片冰河之下30米处，是一片被冰封的世界。除了开凿冰宫本身的难度外，由于冰河每年都会向下滑动，因此每隔数年冰宫就会被重新开凿一次，以维持冰宫内的景观，这样的美丽风景背后是巨大的人力和财力成本。在冰宫里，人们可以感受到和冰河面对面接触的感觉，仔细观察冰宫的墙面，可以清晰地分辨出一层层由不同年份的冰雪所堆积挤压出来的痕迹，因此可以了解冰河形成的历史。

## 看点 03 少女峰铁道

登少女峰最常用的手段之一

少女峰铁道是人们攀登少女峰最常用的手段之一。这条铁路前后一共耗时16年开凿，花费了1亿多瑞士法郎，其中有10公里路程是穿越艾格峰的岩石开凿而成的，其工程的难度和浩大可想而知。不过最让人惊奇的是，这条铁路居然是在100多年前完成的。少女峰铁道全长12公里，其中只有小夏戴克到艾格冰河站是位于旷野之中，其他全都是在陡峭的岩壁上。火车在沿途还会在各站稍事休息，人们可以利用当地的瞭望平台欣赏美丽的群山风光。

## 看点 04 少女峰车站
### 少女峰登山铁路的终点站

少女峰车站是少女峰登山铁路的终点站所在地，虽然名为车站，但其实是一个十分有趣的高山娱乐活动中心。在少女峰车站中汇集了餐厅、瞭望台、冰宫、邮局等各种各样的设施。少女峰车站位于海拔3454米的地方，是全欧洲最高的火车站，被人们称为"欧洲屋脊"，车站被少女峰、僧侣峰和艾格峰所包围，四面的风光极为优美，尤其是从这里可以远眺位列世界遗产的阿莱奇冰河，更是吸引了全球的游客。此外，人们可以在当地买一张明信片，在邮局盖上特别的邮戳，也是很好的纪念。

## 看点 05 斯芬克斯观景台
最吸引人的观景平台之一

斯芬克斯观景台是少女峰车站最吸引人的观景平台之一。人们只需在车站里搭乘高速电梯，仅需短短的25秒，一片壮美的风光就出现在人们眼前。斯芬克斯观景台位于海拔3571米的地方，从电梯里走出来，阿尔卑斯山最让人窒息的美景就呈现在人们眼前，让每个人都不禁高声叫起来。无论是少女峰还是僧侣峰、艾格峰，那一片白茫茫的世界让人感觉宛如身处仙境之中。如果是在天气好的时候，还能远眺到德国黑森林地区。

## 看点 06 阿尔卑斯乡土博物馆
了解乡村文化和历史

如果想要了解阿尔卑斯地区地道的乡村文化和历史，那这座阿尔卑斯乡土博物馆肯定是最合适的地方。乡土博物馆就位于格林德尔瓦尔德镇内，是由一位当地的老先生所经营的。他凭借着对历史的热爱，从各处精心搜罗来了各种旧时所使用的阿尔卑斯地区的农具、家具等物品，还有高山缆车初建时期的历史数据、模型以及当时使用的滑雪椅等。经营博物馆的老先生还会为人们示范这些用具的使用方法，让游人对阿尔卑斯地区的风土人情有更深的了解。

# 02 雪朗峰
**风景不亚于少女峰的美丽山峰**

## TIPS

 Schilthorn ☎033-8260007 🚌因特拉肯乘火车或邮政巴士在Murren换乘缆车可到 ✪★★★★★

雪朗峰是一座风景不亚于少女峰的美丽山峰，而它更出名的地方在于这里是1969年拍摄007系列电影《女王密使》的外景地。当时为了拍摄电影，特地在山顶上建造了观景台和旋转餐厅，这些建筑在电影完成以后全部捐献给了当地政府。不过也因为这部电影，让雪朗峰的美丽风光为世人所熟知。没有看过《女王密使》这部电影的游客可以在山顶的旋转餐厅免费欣赏10分钟的电影片段。观景台建于山顶，可以360度看到周围200多座山峰。

## ★ 因特拉肯

著名的度假胜地之一

　　因特拉肯在当地语言中是"两湖之间"的意思,因为它就位于布里恩茨湖和图恩湖的中间。再加上这里是通往少女峰的主要门户,因此是瑞士最著名的度假胜地之一。很多游客会选择在因特拉肯过夜,然后第二天前往少女峰,所以在这座小镇里有很多不错的旅馆。而且由于客流量很大,因特拉肯的商业也十分发达,游客们可以在这里买到各种瑞士钟表、珠宝和名牌首饰等。此外,人们可以顺着亚拉河散步,欣赏各种传统的旧建筑,体验一下瑞士的风土人情。

## 03 施陶河瀑布
### 欧洲落差第二大的瀑布

**TIPS**
- Staubbachfall
- 乘火车在Lauterbrunnen站下
- ★★★★

施陶河瀑布位于瑞士著名的"瀑布之镇"劳特布伦嫩，在这里一共有72道瀑布，其中最有名的就是施陶河瀑布。施陶河瀑布是全欧洲落差第二大的瀑布，但是由于水量不大，所以瀑布落到一半就好像烟雾一样飘散了，而"施陶"这个名字在德语中正是"尘埃"的意思。据说大文豪歌德曾经来到这里游历，看到施陶河瀑布这飘逸脱俗的风景，一时诗兴大发，创作了《水精灵之歌》这首诗，也让后世的人们对于这条瀑布有了更多的遐想。

## 04 布里恩茨湖
瑞士最干净的湖泊

### TIPS
Lake Brienz　布里恩茨湖码头乘游船可到　★★★★

瑞士的湖泊在全世界都是十分有名的，特别以水质清澈、风光秀丽而为人们所称道。而布里恩茨湖则更是被称为瑞士最干净的湖泊。整个湖岸被茂密的森林和险峻的山峰以及无数奔流的瀑布所包围，景色十分漂亮。布里恩茨湖给人最深的印象就是宛如明镜一般的湖面。由于湖水清澈，整个湖面就好像蓝宝石一般，无风的时候一点波浪都没有。此外，湖周围绕着不少小渔村，渔民们每天都会将湖中最鲜美的水产拿出来给客人们享用。

## 05 巴伦伯格露天博物馆
带游人穿越回古老的瑞士

### TIPS
Schweizerisches Freilichtmuseum Ballenberg,3855 Brienz　033-9521030　★★★★

瑞士的湖光山色让人们向往不已，但是过去的瑞士是什么样的呢？巴伦伯格露天博物馆就提供给人们一条时光隧道，让人们可以穿越到数百年前，有机会在古代的瑞士生活上一天。这座博物馆占地66公顷，共有上百座瑞士过去不同区域的代表性建筑。每一幢建筑内的设施都十分完备，包括卧室、厨房、浴室等。而且在户外的农场和原野里，也仿造过去村庄的样子饲养了很多家禽。

畅游瑞士 | 瑞士其他

## 06 木雕博物馆
精美的木雕工艺品

**TIPS**

 Hauptstrasse 143,3855 Brienz　033-9528080
5瑞士法郎　因特拉肯乘火车在布里恩茨火车站下
★★★★

布里恩茨是瑞士十分重要的林业基地，拥有悠久的木雕工艺历史，至今镇子里的大部分居民都还以制作木雕艺术品为生，因此布里恩茨素有"木雕之乡"的美誉。在布里恩茨有一个成立于1835年的木雕博物馆，由当地著名的木雕手工艺工厂主Jobin所拥有。博物馆内收藏有数量最丰富的瑞士木雕艺术品及各式各样的八音盒。这些木雕十分精致，每一件都堪称精品，同时在博物馆里还可以看到现场雕刻表演。

## 07 图恩湖
上帝的眼睛

**TIPS**

 Thuntsee　033-3345211　图恩湖码头乘游船可到
★★★★

图恩湖和布里恩茨湖全都是冰河时期的产物，两个湖泊原本是合为一体的，后来逐渐分为两个，同时因为风景宜人，被誉为是上帝的左眼和右眼。相对于布里恩茨湖的飞瀑奔流，图恩湖周围更多的则是一些幽静的景致。湖畔就是图恩市，是进出伯尔尼高地的大门，历史十分悠久。游人们可以在市内的码头选择乘坐游轮进入图恩湖，在明亮如镜的湖水中慢慢游览。

## 08 特吕默尔河瀑布

世界上唯一一处隐藏在山体内部的冰河瀑布

### TIPS

🏠Trummelbachfalle  💰10瑞士法郎  ☎033-8553232
⭐⭐⭐⭐⭐

人们在搭乘邮政巴士前往米伦的路上，会路过一处十分罕见的景观，那就是世界上唯一一处隐藏在山体内部的冰河瀑布——特吕默尔河瀑布。这条瀑布是由艾格峰、僧侣峰、少女峰上一共7条阿尔卑斯冰河融化的水流汇集而成的。千百年来水流不断侵蚀着岩壁缝隙，最大水量可达每秒20000多立方米，因此天长日久就在山体上形成了很多洞穴，最终在山体里形成了这片瀑布。现在这里的旅游局特地打造了一座深入到山体内的缆车，人们可以近距离接触这条神奇的瀑布。

## 09 赖兴巴赫瀑布

《福尔摩斯》的重要场景

### TIPS

🏠Reichenbachfall  ☎033-9729010  🚌乘邮政巴士在Klinik Reichenbach站换乘缆车可到  ⭐⭐⭐⭐

赖兴巴赫瀑布是一座全世界知名的瀑布，因为它在享誉世界的侦探小说《福尔摩斯》中占据极为重要的位置。在小说最后一集中，侦探福尔摩斯和他的死对头莫里亚蒂教授在搏斗中双双跌入了瀑布的深渊之中，让无数推理迷哀伤不已。赖兴巴赫瀑布位于瑞士的迈林根，瀑布的水量并不是很大，但是水流蜿蜒曲折，别有一番风情。而且因为有了福尔摩斯的故事，吸引了无数小说迷前来。当地也在附近建造了一座福尔摩斯博物馆，是仿造福尔摩斯的居所修建的。

畅游瑞士 | 瑞士其他

# 10 洛伊克巴德吉米缆车

**乘坐缆车登高望远**

**TIPS**
☎027-4701839  ◎19瑞士法郎 ★★★★

来到洛伊克巴德,除了泡温泉和步行赏景外,乘坐吉米缆车到高山之上眺望四面风景也是一种很好的选择。人们坐在缆车中,顺着崎岖的山壁逐渐升高,让人有一种心惊肉颤的感觉,实在是相当刺激。缆车沿途的风景确实不错,雪白一片的冰雪世界搭配上蔚蓝色的天空,让人一下子就感觉到自己的渺小,身处于这样的大自然之中,身心都像是得到了解脱一般,让人感觉无比畅快。

## 岛本湖
**冰雪世界中的蓝宝石**

　　乘坐缆车来到海拔2350米的吉米关隘，可以看到一片美丽的高山湖泊——岛本湖。岛本湖就像是点缀在一片冰雪世界中的蓝宝石一般，蔚蓝的湖水和蓝色的天空、白色的雪地相得益彰，风景优美极了。同时在湖畔有很多条步行道，是人们夏天散步观景的好去处。而每年7月的最后一个星期天，在岛本湖畔都会举行盛大的牧羊人节，是居住在当地的牧羊人和农夫们会面交流的好机会，而游人们也可以买到不少土特产，绝对不可错过。

## 11 伯格贝水疗中心
**阿尔卑斯山区最大的温泉水疗中心**

### TIPS
- Rathausstrasse 32,3954 Leukerbad　☎027-4722020
- 20瑞士法郎/3小时，26瑞士法郎/1日券　★★★★

伯格贝水疗中心号称是阿尔卑斯山区最大的温泉水疗中心，是享受高山温泉的不二选择。这座水疗中心非常适合全家老小一起体验温泉和各种水上活动。水疗中心的户外温泉池里总是聚满了人，在这里可以一边泡着热腾腾的温泉，一边欣赏阿尔卑斯山美丽的风景，可谓是一举两得。除了能享受温泉的乐趣外，还可以体验各式各样的按摩水疗，而那些极具空间创意的游泳池更是人们寻找欢乐的好去处。由于这里是政府经营，因此价钱还算低廉，更吸引了来自世界各地的游客。

## 12 采尔马特
#### 瑞士的特色地标

### TIPS
 Zermatt　☎ 027-9668100（采尔马特旅游咨询）
★★★★

马特峰是瑞士十分重要的特色地标，好比自由女神像之于美国、埃菲尔铁塔之于法国一般。而马特峰所在的采尔马特自然而然就成了瑞士最具人气的阿尔卑斯山城。采尔马特自古以来就是一个典型的自给自足的小山城，随着戈尔内格拉特铁路的开通，马特峰的人气陡增，采尔马特也逐渐热闹起来。在这里除了可以搭乘缆车、乘坐火车眺望山景外，采尔马特也是一处户外活动的胜地，从徒步、滑雪到滑翔等设施一应俱全，让人们可以体验各种和大自然接触的乐趣。

### 看点 01 | 班霍夫大街
#### 最具人气的购物街

采尔马特身为瑞士人气最高的阿尔卑斯山城，每天都是游人如织，自然也少不了各种购物活动。采尔马特最具人气的购物街要数市中心的班霍夫大街。这条大街由采尔马特火车站向南一直延伸到天主教堂，全长不到500米，但是街两侧林立着各式登山运动用品店、餐厅、旅馆、纪念品店等，可以买到各式各样的登山用具、衣服、帽子、背包等，是游客们前往阿尔卑斯山旅游的最好后勤基地。此外，大街上还会不定时地有瑞士传统音乐表演，不可错过。

## 看点 02 天主教堂
### 重要的宗教和活动中心

天主教堂位于班霍夫大街的尾端，建于1913年，至今已经有100多年的历史了，是采尔马特镇上重要的宗教和活动中心。很多重要的音乐会都会选择在教堂前的广场上举行，每当音乐会开始时，广场上人头攒动，十分热闹。教堂的造型并没有多么华丽，而且十分简朴，后面还有一座绿顶尖塔。在尖塔下有一片小小的墓园，墓园内的石碑下长眠着在这里逝世的登山爱好者，此外还有很多登山名将被安葬在这里。

## 看点 03 新特朵夫老屋区
### 感受瑞士传统风情

新特朵夫老屋区是感受瑞士传统风情的好地方。在这里可以看到一排排古老的木造房舍，都建于17到18世纪。从外观上就可以清楚地分辨这些建筑的用途，屋子中间有一块大圆石的就是存放谷物的谷仓，据说石头有驱赶老鼠的作用；1楼是用石头砌成，在冰天雪地之中还可以起到冷藏的效果；而开有小窗户的屋舍则是饲养家畜的地方，主要以养羊和养马为主。

## 13 小马特峰

马特峰最漂亮的山峰之一

### TIPS

 Margarethenkloster 5,50667 Kln  科隆火车总站出站即可到达  ☎0221-17940100  塔楼4欧元  ★★★★★

小马特峰海拔3885米,是马特峰最漂亮的山峰之一。在海拔3820米处设有一座缆车站,这是全欧洲海拔最高的缆车站。小马特峰山顶终年积雪,也是采尔马特最著名的夏季滑雪胜地。如果想要登上小马特峰,需要沿途更换3种缆车。而登上山顶以后如果天气情况良好,还可以远眺周边的阿尔卑斯山群峰。此外,在小马特峰上还有一个号称全世界海拔最高的冰洞,里面可以看到令人惊叹的冰川景色,千万不要错过。

## 看点 01 马特峰
**瑞士的象征符号**

马特峰海拔4478米，虽然不是瑞士最高的山峰，但是它那独特的三角形形状却成了瑞士的象征符号。它的形象还被用作全球著名的三角巧克力Toblerone上，因此为世人所熟知。自19世纪初开始，马特峰就是全世界登山客们崇敬的挑战地，不过直到1865年，才由来自英国的登山者登顶成功。如今，人们在马特峰上修建了登山铁路，可以很方便地乘坐火车前往山顶，沿途还能欣赏各种山地景观，并从不同角度眺望周围29座山峰的巍峨姿态。

## 看点 02 利菲尔湖
**景色十分优美**

**TIPS**
🏠 Margarethenkloster 5,50667 Kln　🚌 科隆火车总站出站即可到达　☎ 0221-17940100　💰 塔楼4欧元　⭐⭐⭐⭐⭐

利菲尔湖位于戈尔内格拉特铁道的罗登波登站附近，是马特峰很多步行登山道的必经景点之一。这片湖泊是冬季的冰雪融化后形成的，这样的湖泊在山上有很多个，但是其中利菲尔湖面积最大，不像别的湖泊会因为水的蒸发而消失。另外，由于利菲尔湖正好面对着马特峰，可以欣赏到清楚的山峰倒影，景色十分优美。身处利菲尔湖边，看着倒映在如宝石一般蔚蓝的湖水中的白色雪山，让人不由自主地拿起相机，把这如同油画一般的景色拍摄下来。

## 看点 03 戈尔内格拉特登山铁道
### 亲近马特峰的首选

**TIPS**
- Klein Matterhorn, 3920 Zermatt
- 027-9660101
- 采尔马特镇乘登山缆车可到 ★★★★

如果想要近距离欣赏马特峰的美，乘坐戈尔内格拉特登山铁路是最好的选择。从1898年起，这条铁路就成了来自世界各地的游客亲近马特峰的首选，而且这也是瑞士第一条完全电气化的齿轮铁道。搭乘戈尔内格拉特铁路只需要43分钟就可以到达终点站，沿途可以看到马特峰多变的高山美景，还可以远眺欧洲第二峰罗莎峰，一定不会让人们的旅途感到寂寞。另外，在戈尔内格拉特终点站，还会有商家提供可爱的圣伯纳犬和人们合影，十分有趣。

## 14 阿拉灵山
**萨斯费最引人注目的景点**

### TIPS
Margarethenkloster 5,50667 Kln　科隆火车总站出站即可到达　0221-17940100　塔楼4欧元　★★★★★

萨斯费最令人瞩目的景点就是阿拉灵山了，因为在山上有世界上海拔最高的地铁、世界上最高的旋转餐厅和世界上最大的冰洞这三大世界之最。要登上阿拉灵山，必须要搭乘两段式的缆车和地铁才行，游客们先要乘坐可以瞭望冰河的空中缆车"阿尔卑斯山特快车"，然后换乘阿尔卑斯山地铁，才能登上海拔3500米高的阿拉灵山山顶。在山顶除了可以看到360度旋转餐厅之外，还能体验到刺激爽快的滑雪活动，喜欢运动的人不要错过。

### ✷ 雪山顶咖啡厅
360度旋转餐厅

360度旋转餐厅位于阿拉灵山山顶上，游客们可以一边喝着热热的咖啡，一边欣赏着窗外一望无际的皑皑白雪，那种感受是在别处体验不到的。而且从9月开始，山顶上就会积上数十厘米厚的雪，呈现在人们面前的是一片白色的地毯，景色实在是美极了。

### TIPS
Allalin　乘阿尔卑斯山特快车在Felskinn换乘阿尔卑斯山地铁可到　★★★★★

## 15 塞甘蒂尼博物馆
塞甘蒂尼丰富多彩的作品

塞甘蒂尼是意大利画家，在他年仅41年的生命中，有12年的时间投入在了恩加汀山区的绘画中。虽然他的一生很短暂，但他在国际美术界却有很高的声誉。这座塞甘蒂尼博物馆建于1908年，是为了纪念他在圣莫里茨居住的5年时光。博物馆内陈列着他在这段时间内所创作的以恩加汀谷地为背景的画作，从绘画中那光影的变幻可以看出画家成熟的艺术理念。

**TIPS**
- Via Somplaz 30,7500 St.Moritz Dorf　081-8334454
- 10瑞士法郎　乘2、5路公交车在St.Moritz, Segantini Museum站下　★★★★

## 16 海蒂小屋
因知名小说而闻名

**TIPS**
- Schellenursli步行道　081-8373333（游客服务中心）
- ★★★★★

海蒂是瑞士女作家约翰娜·斯比丽笔下小说《海蒂》的女主角，她的故事在瑞士人尽皆知，在20世纪70年代的时候更是被翻拍成为电视剧在各地播放过。而《海蒂》这部小说的故事背景就是在恩加汀谷地，因此这里也就出现了很多以海蒂为背景的旅游景点。在圣莫里茨有一座可爱的海蒂小屋，这座小屋完全用木头搭建而成，是当时《海蒂》电视剧的外景地。在小屋里可以清晰地看到以前住在山里的人和动物共处一室的2层床铺，使人们对小说的背景有更深的了解。

## 17 施库奥尔下城
经典的传统建筑　　　　　　　　　　　　　　　　　　　　　赏

**TIPS**
Margarethenkloster 5,50667 Kln　🚌科隆火车总站出站即可到达　☎0221-17940100　🎫塔楼4欧元　⭐⭐⭐⭐⭐

施库奥尔下城是一处保留了传统与经典的罗马建筑文化的好地方。在这里，几乎每栋房屋都拥有独一无二的精美壁画，墙上还有用几何图形组成的雕饰，十分漂亮。这种工艺在罗马式建筑中叫做Sgraffito工法，是罗马式建筑所特有的。工匠们会将整座墙面糊上石灰，然后再用器具刮出图案，现在已经十分少见了。除了有精美绝伦的建筑，在施库奥尔下城还能看到美丽的鲜花景致，这里每一家都种着很漂亮的花，每到花期更是争奇斗艳，到处充满了生机活力。

## ✱ 市区喷泉
施库奥尔下城的特色

**TIPS**
Old Town，Scuol　☎081-8612222（游客服务中心）
⭐⭐⭐⭐⭐

在施库奥尔下城很多地方都能见到小巧而可爱的喷泉，特别是在一些广场上。这些喷泉都拥有两到三个出水口，一个出水口是自来水，另一边则是纯天然的矿泉水，而且根据喷泉的不同，所喷出的矿泉水的成分也不相同，有的是气泡矿泉水，有的则富含各种矿物质，如果有机会最好一一品尝。而且这些喷泉广场还有文化上的意义，过去这些广场是小镇上各个小区居民交流的主要场所，包括洗衣、取水等活动都在这里进行，是很传统的公共空间。

## 18 纳兰斯山
美丽的高山风景

**TIPS**

 Motta Naluns，Scuol ☎081-8611410 🚠Scuol PSFS 缆车站乘缆车可到 ★★★★

纳兰斯山位于施库奥尔周边，人们可以乘坐缆车直接登上海拔1250~2800米的山区，而这里也是在施库奥尔进行登山徒步旅行和滑雪等户外活动的主要区域。山上一年四季都有不同的景色，夏天山间鲜花簇拥，蜜蜂蝴蝶翻飞，让人不禁会停下脚步仔细欣赏。而到了冬天，整座山会被白雪所包围，各种滑雪场地能让喜欢此项运动的人玩个痛快。除了乘坐滑板车上山外，人们还可以通过徒步路线上山，旅程大概需要1.5小时，可以看到很多乘坐缆车看不到的景色。

## 19 迈恩菲尔德海蒂之家主题博物馆
展示小说中的生活场景

**TIPS**

 Heididorf,7304 Maienfeld ☎081-3301912 🕐7瑞士法郎 ★★★★

瑞士最著名的小说《海蒂》的作者约翰娜·斯比丽夫人最初是在迈恩菲尔德探望好友时开始这个故事的创作的，因此这里被认定为正宗的海蒂的故乡。在迈恩菲尔德的海蒂小屋中，可以看到很多书中描写的场景。这座小屋至今已经有300多年的历史了，但依然保持着传统的面貌。屋子里可以看到海蒂和彼得相对而坐，桌子上放着海蒂的作业本。而海蒂爷爷做了一半的木工就位于屋子的2楼。这里的一砖一石都同小说中描写的一样。

## 20 库尔旧城区
**全瑞士历史最悠久的城市**

### TIPS
🏠 Altstadt,Chur ☎ 081-2521818（游客服务中心）
★★★★

库尔旧城区是全瑞士历史最悠久的城市，但是身处库尔旧城区中，却并不会感受到特别的历史感。那是因为库尔旧城区中的建筑全都建于16世纪，更古老的建筑都在1464年的库尔大火中毁于一旦了。灾后人们一改以前木结构建筑的习惯，所有建筑都用石头砌成，因此拥有了十分独特的建筑风格。在库尔旧城区中，很多建筑外面都描绘有十分精美的壁画，上面画着裁缝、铁匠等图案，这些图案表明了这座建筑中原主人的身份。

### 看点 01 阿卡斯广场
**浓郁的中世纪氛围**

位于库尔旧城区中心的阿卡斯广场周围汇集了一座座古老的建筑，营造出了浓郁的中世纪氛围。当人们身处于这样漂亮的广场中的时候，恐怕不会想到就在40年前，这里还是一片仓库。广场上的很多建筑都是依靠着过去的库尔城墙而修建的，如今城墙早已消失无踪，只剩下这些建筑还在向人们讲述着过去的历史。除此之外，在阿卡斯广场上还有不少露天餐厅和咖啡厅，游客们可以在这里点上一些库尔当地的特色美食，一边吃一边欣赏美丽的街景。

## 看点 02 上城门
建于1583年

早在中世纪时期，在库尔城的周围还有完整的城墙和城门，但是随着历史的进步，这些城墙逐渐消失在了历史长河之中，如今只剩下两座城门可以供人们凭吊。城门主要分上下两座，其中上城门造型优雅，色彩缤纷，加之有特殊的历史意义，因此成了库尔的标志性建筑之一。这座城门建于1583年，是过去人们进出库尔城的主要通道，白天人流涌动，而到了晚上就会关闭起来以保障人们的安全。如今上城门依然早开晚关，数百年来一直都没有变过。

## 看点 03 库尔市政厅
在圣灵医院的基础上改建而来

如今的库尔市政厅是在过去圣灵医院的基础上改建而来的，而原有的市政厅则毁于1464年的大火。参观市政厅需要有导游的带领，游人们可以进入不少重要的房间参观，其中最有趣的就要数国会议事厅了。国会议事厅并不是十分宽敞，显得古旧，但是保存完好。议事厅内的装饰十分古朴典雅，还有一座建于1735年的瓷制火炉。

## 看点 04 大教堂
### 经典的罗马式建筑风格

早在公元5世纪开始，库尔就已经是天主教主教区，也是当时天主教徒们朝圣的圣地之一。库尔大教堂修建于12世纪，外观是经典的罗马式建筑风格，前前后后一共修建了100年。整个教堂包括主教堂和一座巴洛克式风格的主教宫及受俸者们的住处等，就好像一座独立的庄园一般可以自给自足。如今的大教堂经过历代信徒的相继整修，汇集了巴洛克、哥特等不同风格的建筑元素，内部十分华丽，和外观的简朴形成了鲜明的对比。

## 看点 05 圣马汀教堂
**有近百年历史**

圣马汀教堂是在大火之后，由当地的信徒修建起来的。随着宗教革命的兴起，它成为一座新教教堂，使得库尔从此成为同时拥有新教和天主教主教的都市。圣马汀教堂的外观很有特色，有一座高耸入云的尖塔，显得十分醒目。这座尖塔建于1918年，当时的新教徒为了和代表天主教的大教堂一较高下，就修建了这座尖塔。而且在教堂内珍藏着瑞士艺术家在1919年创作的彩绘玻璃窗，讲述了耶稣诞生的故事，很有艺术感。

# 21 瑞士国家公园

瑞士唯一一座国家公园

### TIPS
🏠7530 Zernez ☎081-8514141 💰7瑞士法郎 🚂施库奥尔火车站乘RhB火车在Zernez站下 ★★★★★

这是瑞士唯一一座国家公园,也是全欧洲历史最悠久的国家公园。公园内的环境经过长期的保护,保留了最传统的样貌,显得富有生气,因此成为人们亲近大自然和观察阿尔卑斯高山生态的绝佳去处。瑞士国家公园的海拔跨度很大,从1400米到3200米不等,公园内规划了21条难度和长度各不相同的登山步行路线,游客们可以根据不同的路线来欣赏不同的公园风景,让人感觉到很自由。公园里的泉水十分干净,可以直接饮用。

## 22 维亚玛拉峡谷
崎岖难行的峡谷

**TIPS**
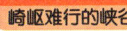Viamala, 7430 Thusis 5瑞士法郎 库尔火车站乘火车在Thusis站下 ★★★★

维亚玛拉在当地语言中是"难行之路"的意思，可见这条峡谷地势之崎岖难行。维亚玛拉峡谷是被莱茵河上游的河流切割而形成的，直到1473年才被打通，可以行走。当时很多来自威尼斯的商队都需要从这里前往瑞士境内。由于地势险峻，很多人在此丧生。不过峡谷内如今已经安全了许多，人们可以安心地欣赏峡谷内的自然风光。峡谷内高山、瀑布、洞穴、溪流应有尽有，河水都是冰川融化而成的，水的颜色呈灰蓝色，十分湍急，壮观极了。

## 23 Eggtorkel历史酒窖
历史悠久的葡萄酒窖

**TIPS**
🏠 Kruseckgasse 1,7304 Maienfeld ☎ 081-3301912（游客服务中心）★★★★★

迈恩菲尔德可以说是一座被葡萄酒所包围的小镇，人们世世代代都以种植葡萄和酿造葡萄酒为生，是瑞士首屈一指的葡萄酒产区。在迈恩菲尔德市中心有一座Eggtorkel历史酒窖，这座酒窖建于1818年，里面收藏着一架木制葡萄压榨机，已经有500多年历史了，可见当地葡萄酒酿造历史的悠久。在酒窖里可以参观酿造葡萄酒的过程，还可以品尝到美味的葡萄酒，无论是品酒还是买酒，其价格都很便宜。如果想要到酒窖来参观，记得一定要先预约。

## 24 多姆勒什城堡群
瑞士城堡最密集的地方

**TIPS**
🏠 Domleschg ☎ 081-6501035（仙斯城堡旅馆），081-2504788（霍亨-雷提恩城堡） 🚌 乘火车或邮政巴士在Thusis站下 ★★★★★

多姆勒什城堡群是多姆勒什地区最显眼的地标建筑，每一个经过的人都会被一座座漂亮的城堡所吸引。在这片并不大的区域内，汇集了16座大小不同的城堡，这些城堡都不是同一个历史时期的，而是跨越了很长的历史区间，因此这里也就成了瑞士城堡最密集的地方。自古以来，多姆勒什就是瑞士自北向南的主要通道，有很多重要的交通隘口，很多人因为靠收取过路费而致富，并建起一座座城堡来炫富。这些城堡的装饰十分精美，建筑风格各异，让人叹为观止。

## 看点 01 仙斯城堡旅馆
### 古老的城堡旅馆

仙斯城堡旅馆建于600多年前,是多姆勒什地区颇为古老的城堡旅馆。在17、18世纪时,这座城堡经过了两次重建,因此整个城堡建筑至今依然保存完好。这座城堡的外观经过修整后呈现出Art Nouveau风格,内部装饰则是以巴洛克风格为主,外墙上还施以流行于恩加汀谷地的Sgraffiti技法,构筑出十分精美的石灰浮雕装饰,无比精美。旅馆内的设施一应俱全,所有的摆件都古色古香,让游人能感受到浓郁的怀旧氛围。

## 看点 02 霍亨-雷提恩城堡
### 很有气势的城堡

霍亨-雷提恩城堡位于一座山丘之上,居高临下,显得很有气势。这座城堡建于12世纪,最开始是为了保护附近的居民,如果发生战乱还可以容纳难民。后来城堡被教会接收,成为当地的信仰中心,每天都会有各地的信徒前来参拜。再后来这里又被一名富豪所购买,不过随着其家族的衰败,这座城堡也逐渐荒废。如今这座城堡显得有点破旧,但是由于四周风景很好,依然成为很多游人参观的对象。近年来在城堡地下还发现了古老的受洗池,使这里更具考古价值。

## 25 卡尔仙纳史前遗迹
### 拥有重要考古价值的遗迹

**TIPS**
 Aussere Bahnhofstrasse,7430 Thusis
081-6511134 ★★★★

卡尔仙纳史前遗迹位于十分偏僻的位置,因此长久以来一直都没被人发现,直到1965年一群工人在附近修建电塔的时候意外地发掘出了这片史前遗迹。根据考古学家的鉴定,这片遗迹是公元前2000年左右新石器时代到公元前750年青铜器时代晚期之间的遗迹。在这里可以看到很多描绘了人形和马形图案的石头,这被认为是记录了当时车队通过维亚玛拉时候的情景。

## 26 塔拉斯普城堡

施库奥尔最古老的城堡之一

**TIPS**

📍Jon Fanzun,7553 Tarasp ☎081-8612052 💰10瑞士法郎 🚌乘邮政巴士在Tarasp站下 ★★★★

塔拉斯普城堡建于1040年，是施库奥尔最古老的城堡之一，距离市区仅有10分钟的车程。城堡坐落在一座不高的山丘之上，很容易被一眼认出来，因此就成为下恩加汀地区最著名的地标。塔拉斯普城堡至今依然是私人所有的城堡，城堡内保留有军械室、小礼拜堂、大厅、餐厅等各种功能性的房间，游客们可以在导游的带领下进行参观，整个旅程约在45分钟左右。夏天时城堡有时候会举办一些音乐晚会等。

## 27 大、小海蒂之路
和海蒂有关的步行参观路线

### TIPS
- Grosser/Kleiner Heidiweg, Maienfeld
- 081-3301912（游客服务中心） ★★★★

在迈恩菲尔德镇上有两条和海蒂有关的步行路线，分别以红色和蓝色区别出大、小海蒂之路。红色的小海蒂之路是小说中海蒂冬天的居所，以镇中的火车站为起点，沿途会经过各个和海蒂相关的景点，走完全程要花费1个多小时。但小路的坡度平缓，让人感觉十分惬意。而蓝色的大海蒂之路则是通往海蒂夏天的活动区域海蒂牧场，这里可以看到彼得的小屋和海蒂爷爷的小木屋。其实这两条路线都是作者斯比丽夫人经常散步的地方，她将自己最喜欢的风光写进了小说之中。

### ✳ 海蒂喷泉
十分有名的喷泉

在小说《海蒂》中，海蒂和她的好朋友彼得经常会到一个小喷泉那里喝水歇脚，这就是在迈恩菲尔德十分有名的海蒂喷泉。海蒂喷泉位于大海蒂之路的终点，是1953年兴建的。喷泉石雕采用了小说中海蒂和她的宠物小羊准备喝水时的造型，刻画得栩栩如生，十分生动有趣。喷泉旁有一座公园，公园里还设有烤炉，经常可以看到一家人在一起野餐，这是当地人十分热衷的放松休闲地。

# SWITZERLAND GUIDE

*Switzerland*

畅游瑞士
❾

# 附:列支敦士登

## 01 瓦杜兹城堡

列支敦士登的象征

### TIPS

Schloss Vaduz ☎ 423-2396300（瓦杜兹游客服务中心）
★★★★★

瓦杜兹城堡是列支敦士登的象征，列支敦士登的皇室一直居住在里面。整个城堡矗立在首都瓦杜兹的一座山丘之上，居高临下，四周风景十分迷人。城堡建于1342年，外观看上去十分古朴。如今瓦杜兹城堡并不向游人开放，但是人们还是可以通过不同的角度来感受城堡雄伟的气势。不过欣赏瓦杜兹城堡最好的地方要数市区北边的红屋酒庄，在这里可以看到最经典的城堡风景。列支敦士登旅游局logo上的图案就是以这个景致作为标志的。

## 02 列支敦士登国家博物馆
展示列支敦士登的历史

### TIPS
Stadtle 43,9490 Vaduz  423-2396820  8瑞士法郎
★★★★

列支敦士登虽然国土狭小，但是历史却十分悠久，如果对这个从中世纪开始就已经存在的国家的历史感兴趣的话，前往列支敦士登国家博物馆是最好的选择。国家博物馆一共有7个展厅，分别陈列着考古遗迹、历史文物、中世纪货币、武器、住宅、宗教圣物等，内容涵盖了当地人衣食住行的各个方面，而且还能在博物馆里看到历代列支敦士登大公的画像和一间复原了17世纪风貌的房间。除了各种人文历史资料、文物外，博物馆里还有不少生物标本，内容也很丰富。

## 03 邮票博物馆
丰富多彩的列支敦士登邮票

**TIPS**
 Stadtle 37,9490 Vaduz  423-2366105  ★★★★

在很多人的心目中，列支敦士登就是邮票的代名词，这个国家早在1912年就开始推出自己的邮票，时至今日依然每年都会推出各式各样精美的邮票。列支敦士登的邮票创意独特，十分漂亮，收藏价值很高，在全世界集邮迷心中占据着重要的地位。列支敦士登有一座邮票博物馆，是全世界集邮迷们朝拜的圣地，这里分门别类展出了各种邮票。这些邮票都被存放在一个个抽屉里，一拉出来就可以看到，而且每一枚邮票都有详尽的说明。

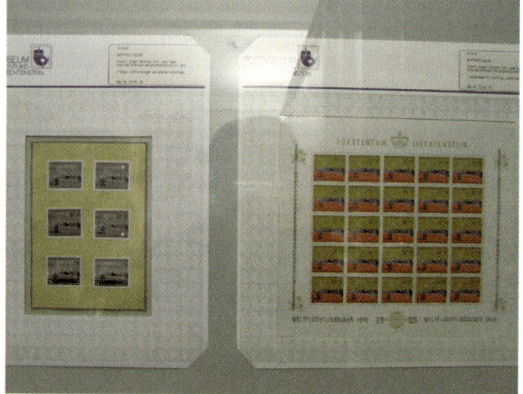

## 04 滑雪博物馆
列支敦士登引以为豪的滑雪历史

**TIPS**
 Fabrikstrasse 5,9490 Vaduz  423-7771549  6瑞士法郎  乘11、12路公交车在Falknis站下  ★★★★

滑雪称得上是列支敦士登最引以为豪的体育项目，翻开世界滑雪比赛的奖牌榜，列支敦士登已经在各项国际大赛中获得了多枚奖牌。在列支敦士登可以看到一座滑雪博物馆，博物馆内收藏各种高山滑雪、越野滑雪的装备，包括有滑雪板、雪橇、雪车、雪鞋、雪杖等，还有各种文献、奖杯、奖牌等，总计超过1000件。从这些各个年代的滑雪装备，人们可以了解滑雪这项运动的起源和发展，也许从此就迷上了这项运动，成为一个滑雪爱好者了。

## 05 瓦瑟博物馆
展现瓦瑟人的传统文化和历史

**TIPS**
 Dortzentrum,9497 Triesenberg  423-2621926  2瑞士法郎  乘22路公交车在Triesenberg Post站下  ★★★★

瓦瑟博物馆展现了当地瓦瑟人的传统文化和历史。瓦瑟人是一群来自瑞士瓦莱州的少数民族，他们早在13世纪时就移居到了这一带的山区之中。他们和普通瑞士人的口音和文化等截然不同，拥有自己独特的传统。博物馆里可以看到瓦瑟人日常使用的农具、厨具、家具、服饰、宗教器物等。特别是还仿造过去瓦瑟人的住宅建起了一个展馆，里面的陈设都是传统的瓦瑟风格，让人们对这个少数民族的文化有更深入的了解。

## 06 列支敦士登美术馆
列支敦士登大公的艺术品收藏

### TIPS
🏠 Stadtle 32,9490 Vaduz ☎423-2350300
💰12瑞士法郎  ★★★★

现在的列支敦士登大公汉斯·亚当二世不光是政治家，还是一位品位非凡的艺术品收藏家，他个人就拥有数千幅各个时代的名家名作，全都收藏在瓦杜兹城堡之中。当然这位大公也不会独享这些珍贵的艺术品，他会经常将自己的私藏轮流在列支敦士登美术馆展出，让普通人也能见到这些著名画家的手笔。除了大公的收藏外，列支敦士登美术馆还收藏了很多列支敦士登本地与外国著名艺术家的作品。

## 07 大公酒庄
列支敦士登最大的葡萄酒庄

### TIPS
🏠 Feldstrasse 4,9490 Vaduz ☎423-2321018 🚌乘11、12路公交车在Hotel Elite站下  ★★★★

顾名思义，大公酒庄是列支敦士登大公名下的财产。这座酒庄的规模很大，占地超过4公顷，是列支敦士登最大的葡萄酒庄。而且这里出产的葡萄酒品质非常好，让喝过的人都拍案叫绝。不论是红酒还是白酒，散发出来的香气都让人难以抗拒，喝到嘴里更是可以感受到那种醇厚的味道在口腔中弥漫，回味悠长。如果有10人以上的团体来访，客人们还可以预约参观酒庄的酒窖，而20人以上的团体更可以参观葡萄园。

## 08 古腾堡城堡
宛如油画中的美丽城堡

**TIPS**
 Burgweg 8,9496 Balzers ☎423-3881133 🚌乘11、12路公交车在Balzers Post站下 ★★★★★

古腾堡城堡位于巴尔策斯小镇,坐落在一片开阔的山丘之上,十分显眼。城堡周围到处都是绿油油的葡萄田,好像一幅精美的油画一般。这座城堡建于13世纪,数百年来一直都为私人家族所拥有,列支敦士登政府在1979年的时候把它买下,如今是政府在夏天举办各种文化活动的地方。同时城堡也被整修成为一座博物馆,在里面可以看到不少过去的室内陈设和装饰,对中世纪时期人们的生活能有深入的了解。

## 09 马尔邦小镇

隐藏在深山之中的美丽小镇

**TIPS**

 Malbun ☎423-2636577 ★★★★

马尔邦小镇隐藏在深山之中,周围都被崇山峻岭所围绕,虽然封闭,但是却保持了清新的空气和郁郁葱葱的森林,有着难得的优美环境。这里夏天百花盛开、五彩缤纷,到了冬天则成为热门的滑雪胜地,自古以来就是欧洲的王公贵族们休闲娱乐的地方。游客们可以选择乘坐缆车来到海拔2000米的山顶,从这里往四面眺望,可以看到远处层峦叠嶂的美景。而冬天也可以进行各种有趣的雪上运动,不管是什么时候来都不会觉得无聊。

# 索引 INDEX 畅游瑞士 SWITZERLAND

## A

| | |
|---|---|
| Altes Tramdepot | 053 |
| Armures | 116 |
| 阿尔布吕特美术馆 | 136 |
| 阿拉灵山 | 192 |
| 爱丽舍摄影美术馆 | 136 |
| 爱因斯坦故居 | 056 |
| 奥林匹克博物馆 | 138 |

## B

| | |
|---|---|
| 巴登 | 086 |
| 巴伦伯格露天博物馆 | 181 |
| 百达翡丽钟表博物馆 | 122 |
| 柏德弗广场 | 118 |
| 拜耳钟表博物馆 | 077 |
| 班霍夫大街 | 065 |
| 宝齐莱 | 098 |
| 保罗·克利艺术中心 | 059 |
| 贝林佐纳旧城区 | 159 |
| 冰河3000 | 147 |
| 冰河公园 | 093 |
| 伯尔尼3D展示厅 | 053 |
| 伯尔尼大教堂 | 055 |
| 伯尔尼旧城区 | 050 |
| 伯尔尼历史博物馆 | 058 |
| 伯格贝水疗中心 | 186 |
| 布尔巴基全景馆 | 094 |
| 布雷山 | 158 |
| 布里恩茨湖 | 181 |

## C

| | |
|---|---|
| Cailler巧克力工厂 | 059 |

采尔马特 187

# D
大、小海蒂之路 205
大公酒庄 211
大广场 165
多姆勒什城堡群 202

# E
Eggtorkel历史酒窖 202

# F
佛萨斯卡谷 168

# G
格朗德大城堡 158
古腾堡城堡 212
国际红十字会博物馆 125

# H
Hanne am Zoo 073
哈克夏庭院 091
哈默尔恩 220
海德堡大学 194
海德堡古堡 193
汉堡港 134
汉堡美术馆 139
汉堡魔宫 139
汉堡市政厅 132
汉堡微缩景观世界 136
汉堡鱼市场 137
汉诺威大花园 215
汉诺威展览中心 217
赫尔斯滕门 145

| | | | |
|---|---|---|---|
| 黑森林博物馆 | 167 | 罗森加特收藏馆 | 100 |
| 红色市政厅 | 087 | 洛迦诺旧城区 | 164 |
| 胡尔柏之屋 | 141 | 洛迦诺威斯康提城堡 | 163 |
| 皇帝城堡 | 186 | 洛桑大教堂 | 132 |
| 皇帝大教堂 | 117 | 洛桑历史博物馆 | 137 |
| 皇家啤酒屋 | 104 | 洛伊克巴德吉米缆车 | 184 |

## J

| | |
|---|---|
| Jelmoli | 068 |

## M

| | |
|---|---|
| 马尔邦小镇 | 213 |
| 迈恩菲尔德海蒂之家主题博物馆 | 195 |
| 麦森会馆 | 067 |
| 玫瑰园 | 054 |

## K

| | |
|---|---|
| Kaiser's Reblaube | 074 |
| Kropf | 075 |
| 卡尔仙纳史前遗迹 | 203 |
| 卡鲁日镇 | 125 |
| 科尔巴洛城堡 | 163 |
| 库尔旧城区 | 196 |

| | |
|---|---|
| 蒙特贝罗城堡 | 161 |
| 蒙特勒赌场 | 146 |
| 米诺要塞 | 085 |
| 木雕博物馆 | 182 |
| 穆塞格城墙 | 095 |

## N

| | |
|---|---|
| 纳兰斯山 | 195 |

## L

| | |
|---|---|
| L'Hotel de Ville | 113 |
| 莱茵河畔施泰因 | 087 |
| 莱茵瀑布 | 082 |
| 赖兴巴赫瀑布 | 183 |
| 雷第瓦奶酪工厂 | 147 |
| 联邦国会大楼 | 051 |
| 联合国欧洲总部 | 123 |
| 列支敦士登国家博物馆 | 209 |
| 列支敦士登美术馆 | 211 |
| 林登霍夫山丘 | 063 |
| 卢加诺湖 | 154 |
| 卢加诺旧城区 | 150 |
| 卢塞恩湖 | 102 |
| 卢塞恩旧城 | 090 |
| 卢塞恩文化和艺术中心 | 096 |
| 卢斯卡之屋美术馆 | 167 |
| 卢梭纪念馆 | 113 |
| 罗纳河大街 | 118 |

## O

| | |
|---|---|
| Oepfelchammer | 065 |

## P

| | |
|---|---|
| 皮拉图斯山 | 106 |
| 葡萄酒列车 | 139 |

## R

| | |
|---|---|
| 日内瓦湖 | 128 |
| 日内瓦市政厅 | 112 |
| 瑞士阿尔卑斯博物馆 | 056 |
| 瑞士国家博物馆 | 071 |
| 瑞士国家公园 | 200 |
| 瑞士交通博物馆 | 100 |

| | | | |
|---|---|---|---|
| 瑞士小人国 | 157 | 特吕默尔河瀑布 | 183 |
| | | 特椰林荫大道 | 117 |
| | | 跳蚤市场 | 067 |
| **S** | | 铁力士山 | 104 |
| Stadtkeller餐厅 | 091 | 图恩湖 | 182 |
| 塞甘蒂尼博物馆 | 193 | | |
| 沙夫豪森老城区 | 083 | **W** | |
| 少女峰 | 172 | | |
| 圣安东尼奥教堂 | 167 | 瓦杜兹城堡 | 208 |
| 圣彼得教堂 | 072 | 瓦瑟博物馆 | 210 |
| 圣佛朗索瓦教堂 | 134 | 维亚玛拉峡谷 | 201 |
| 圣弗朗西斯科教堂 | 167 | 沃韦城堡 | 141 |
| 圣洛伦佐大教堂 | 153 | 沃韦食物博物馆 | 140 |
| 圣梅耶城堡 | 133 | | |
| 圣母教堂 | 069 | **X** | |
| 圣母天使教堂 | 152 | | |
| 圣皮埃尔大教堂 | 115 | 西庸城堡 | 144 |
| 圣萨尔瓦多山 | 162 | 现代美术馆 | 155 |
| 狮子纪念碑 | 092 | 小马特峰 | 189 |
| 施库奥尔下城 | 194 | 新教堂 | 166 |
| 施陶河瀑布 | 180 | 熊公园 | 052 |
| 时间之城 | 121 | 雪朗峰 | 178 |
| 史普劳尔桥 | 101 | | |
| 市立美术馆 | 076 | **Y** | |
| 苏黎世大教堂 | 062 | | |
| 苏黎世动物园 | 079 | 亚莉安娜博物馆 | 124 |
| 苏黎世湖 | 064 | 岩石圣母堂 | 168 |
| 苏黎世西区 | 078 | 耶稣会教堂 | 101 |
| | | 英国花园 | 119 |
| **T** | | 邮票博物馆 | 210 |
| | | 游戏博物馆 | 145 |
| 塔拉斯普城堡 | 204 | 玉特利山 | 073 |
| 塔沃馆 | 114 | | |
| | | **Z** | |
| | | 照相机博物馆 | 143 |
| | | 钟楼 | 057 |
| | | 宗教改革博物馆 | 115 |
| | | 宗教改革纪念碑 | 114 |

## ○ 攻略系列!

## ○ 畅游系列!

更多图书
敬请期待……

## 《畅游瑞士》编辑部

编写组成员：

| | | | |
|---|---|---|---|
| 陈永 | 陈宇 | 崇福 | 褚一民 |
| 付国丰 | 付佳 | 付捷 | 管航 |
| 贵珍 | 郭新光 | 郭政 | 韩成 |
| 韩栋栋 | 江业华 | 金晔 | 孔莉 |
| 李春宏 | 李红东 | 李濛 | 李志勇 |
| 廖一静 | 林婷婷 | 林雪静 | 刘博文 |
| 刘成 | 刘冬 | 刘桂芳 | 刘华 |
| 刘军 | 刘小风 | 刘晓馨 | 刘艳 |
| 刘洋 | 刘照英 | 吕示 | 苗雪鹏 |
| 闵睿桢 | 潘瑞 | 彭雨雁 | 戚雨婷 |
| 若水 | 石雪冉 | 宋清 | 宋鑫 |
| 苏林 | 谭临庄 | 佟玲 | 王恒丽 |
| 王诺 | 王武 | 王晓平 | 王勇 |
| 王宇坤 | 王玥 | 王铮铮 | 魏强 |
| 吴昌晖 | 吴昌宇 | 武宁 | 肖克冉 |
| 谢辉 | 谢群 | 谢蓉 | 谢震泽 |
| 谢仲文 | 徐聪 | 许睿 | 杨武 |
| 姚婷婷 | 于小慧 | 喻鹏 | 翟丽梅 |
| 张爱琼 | 张春辉 | 张丽媛 | 赵海菊 |
| 赵婧 | 朱芳莉 | 朱国梁 | 朱俊杰 |
| 高虹 | 诗诗 | 莎莎 | 天姝 |
| 郭颖 | 晓红 | 王秋 | 艳艳 |

图书在版编目（CIP）数据

畅游瑞士/《畅游瑞士》编辑部编著. —北京：华夏出版社，2015.10
（畅游世界）
ISBN 978-7-5080-8552-4

Ⅰ．①畅… Ⅱ．①畅… Ⅲ．①旅游指南—瑞士 Ⅳ．①K952.29

中国版本图书馆CIP数据核字（2015）第188708号

## 畅游瑞士

| | |
|---|---|
| 作　　者 | 《畅游瑞士》编辑部 |
| 责任编辑 | 杨小英 |
| 责任印制 | 刘　洋 |

| | |
|---|---|
| 出版发行 | 华夏出版社 |
| 经　　销 | 新华书店 |
| 印　　装 | 北京金吉士印刷有限责任公司 |
| 版　　次 | 2015年10月北京第1版　2015年10月北京第1次印刷 |
| 开　　本 | 720×920　1/16开 |
| 印　　张 | 14 |
| 字　　数 | 200千字 |
| 定　　价 | 49.80元 |

华夏出版社　网址：www.hxph.com.cn　地址：北京市东直门外香园北里4号　邮编：100028
若发现本版图书有印装质量问题，请与我社营销中心联系调换。电话：（010）64663331（转）

考拉旅行 玩遍全球